쉽고 재미있게
생각하는 연산!

연산력 수학

노크

B3

(7세~초1)

10을 이용한 덧셈과 뺄셈

똑!똑! 연산력 수학
노크의 구성

연산 학습 ▶ 하루에 4쪽씩 한 가지 주제를 학습합니다.

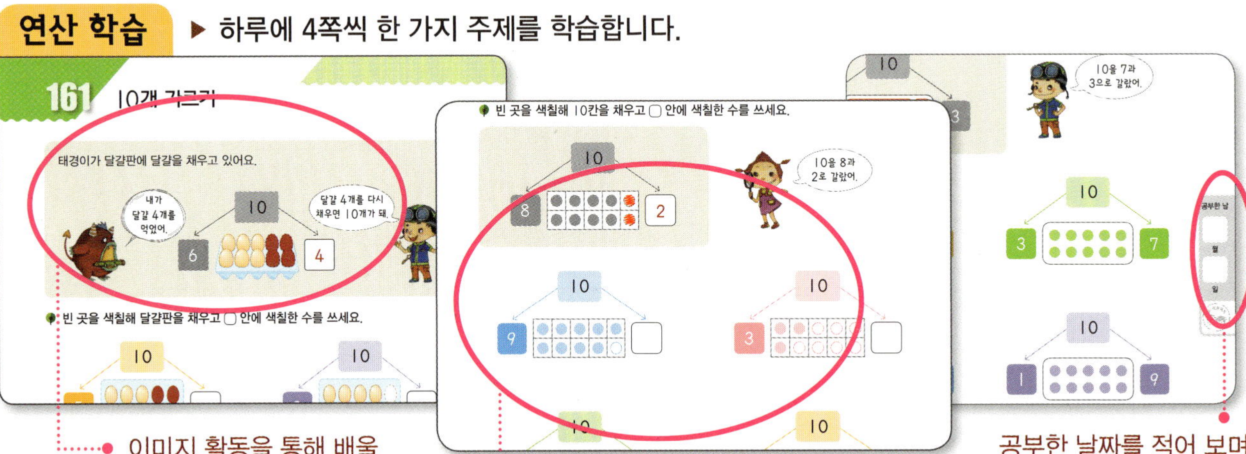

이미지 활동을 통해 배울 내용을 이해해요.

활동을 통해 배운 내용을 연습해요.

공부한 날짜를 적어 보며 학습 관리를 해요.

평가 ▶ 배웠던 주제를 평가해 봅니다.

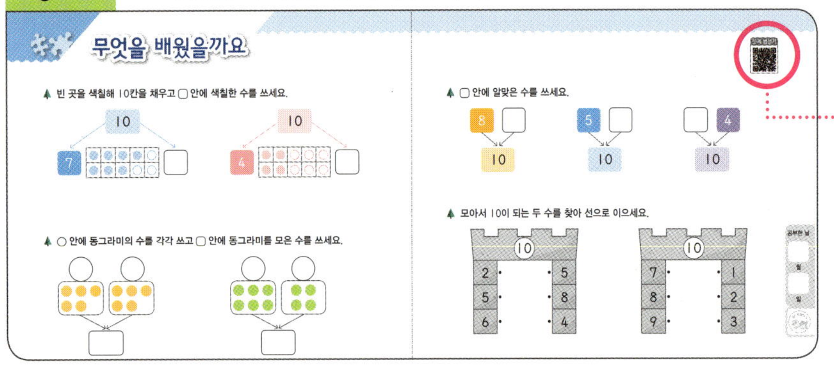

"문제 생성기" QR코드를 이용하면 여러 문제를 더 풀어 볼 수 있어요.

연산 보충 학습 ▶ 연산 학습의 부족한 부분을 연습합니다.

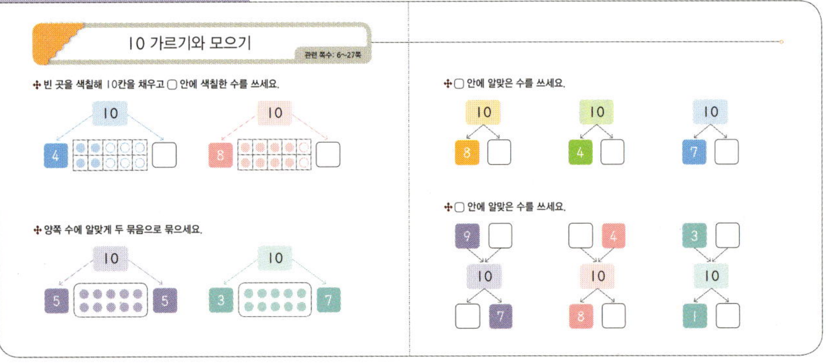

각 주제별로 학습했던 연산 학습 중 연습이 더 필요한 부분을 본책 맨 뒤에서 제공합니다.
해당 연산 학습을 끝낸 후에 사용하세요.

연산력 수학 노크만의 스마트 학습

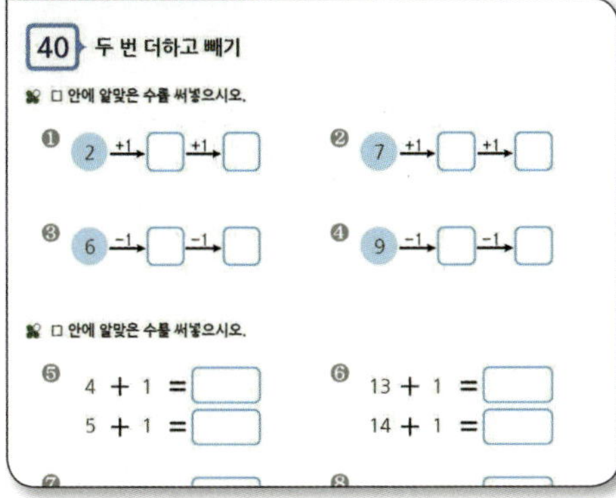

"무엇을 배웠을까요"를 풀고 난 후 QR코드를 찍어 보세요.
새로운 문제들이 계속 생성됩니다.
출력하여 사용하세요.

"연산력 게임" 코너에 있는 QR코드를 찍어 보세요.
연산 학습과 연계된 재미있는 연산력 게임을 할 수 있습니다.

연산력 수학 노크에 나오는 친구들을 소개해요!!

모험가 친구들

지오
호기심 공주

태경
활동파 리더

마법사 멀린과 수학 요정

마법사 멀린

꼬마 요괴

딴소리

한입

장난

딴짓

멍하니

잠만자

울보

거꾸로

차례

연산력 수학 노크 B3

I0 가르기와 모으기

▶ 연산 보충 학습(102~103쪽)에서 더 풀어 보세요.

학부모 지도 가이드

이 책에서는 I0이라는 수에 주목하게 됩니다. 이는 I0의 보수(합이 I0이 되게 하는 수)에 대한 개념을 익히기 위해서입니다.

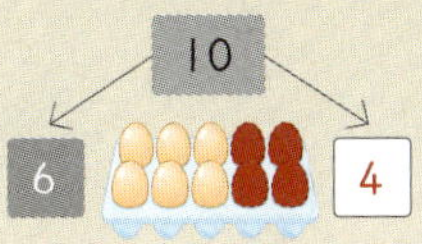 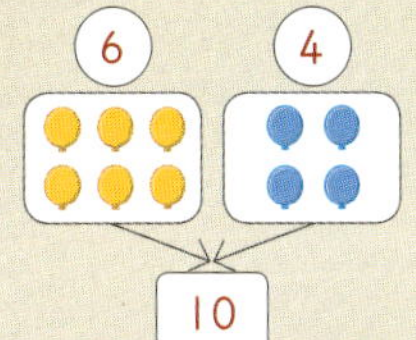 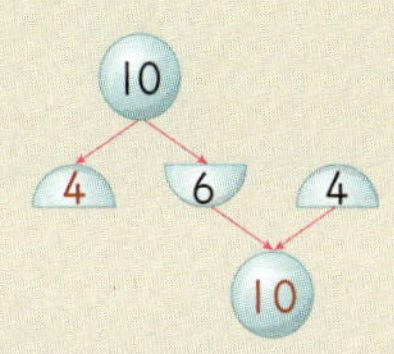

이번 차시에서는 I0을 가르고 모으는 과정을 통해 I0의 보수에 대한 개념을 직관적으로 알고 덧셈과 뺄셈을 쉽게 할 수 있도록 지도해 주세요.

10개 가르기

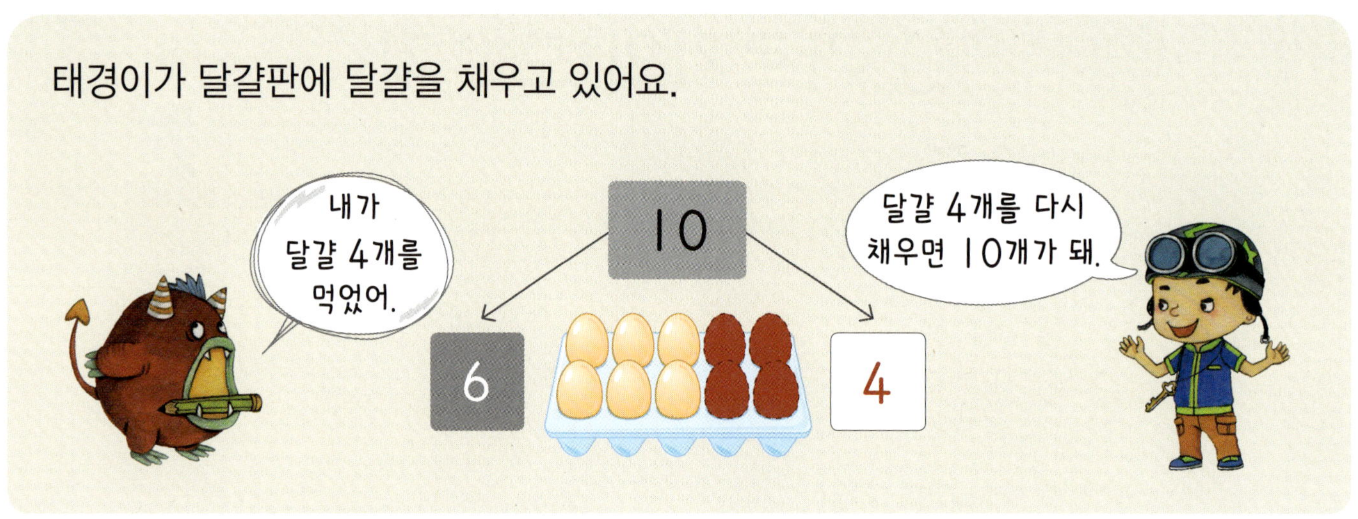

● 빈 곳을 색칠해 달걀판을 채우고 ☐ 안에 색칠한 수를 쓰세요.

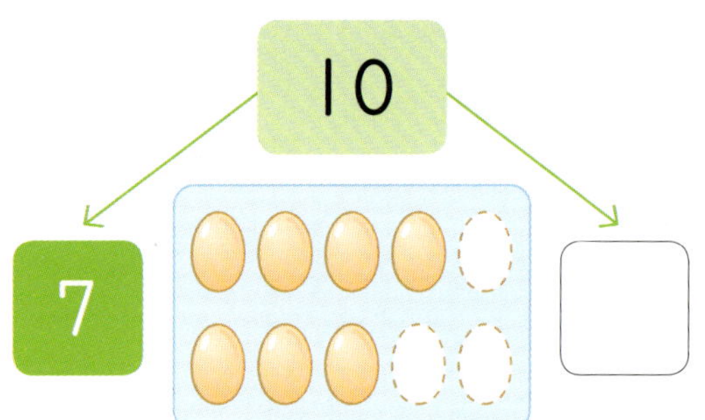

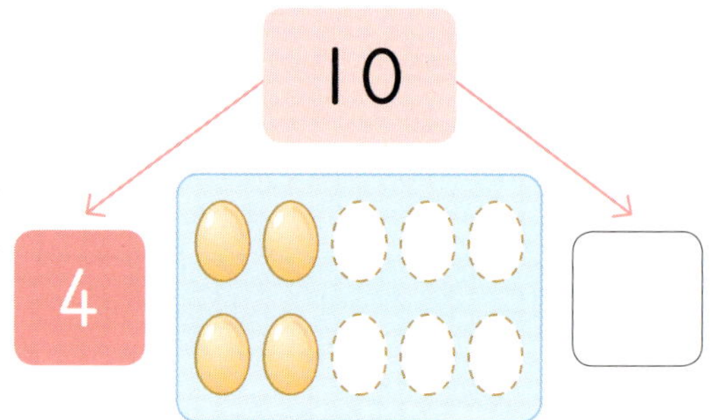

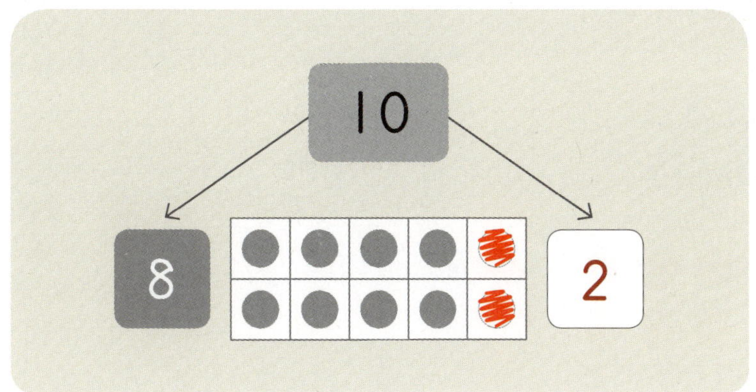
10
8
2

10을 8과
2로 갈랐어.

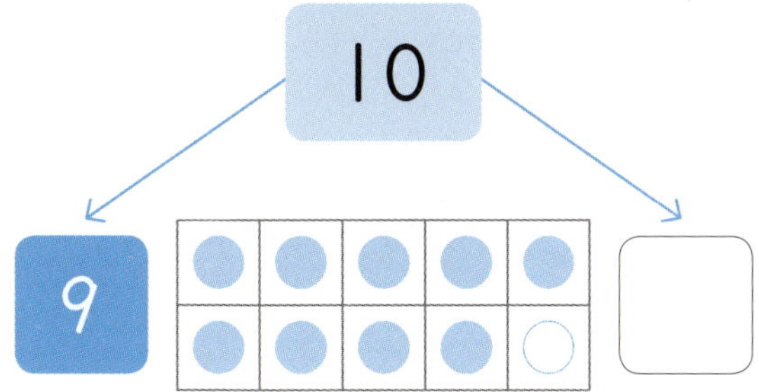
10
9

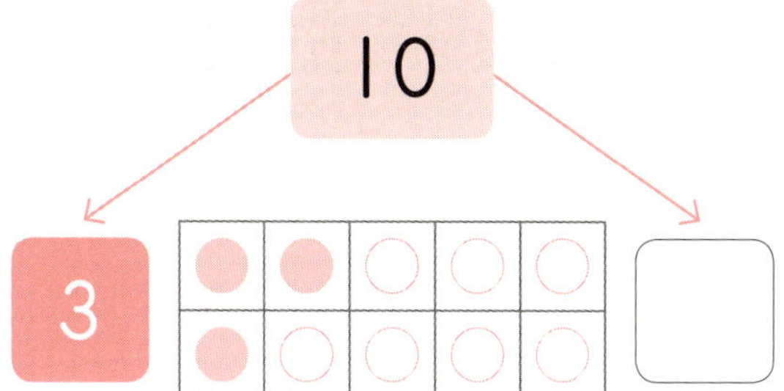
10
3

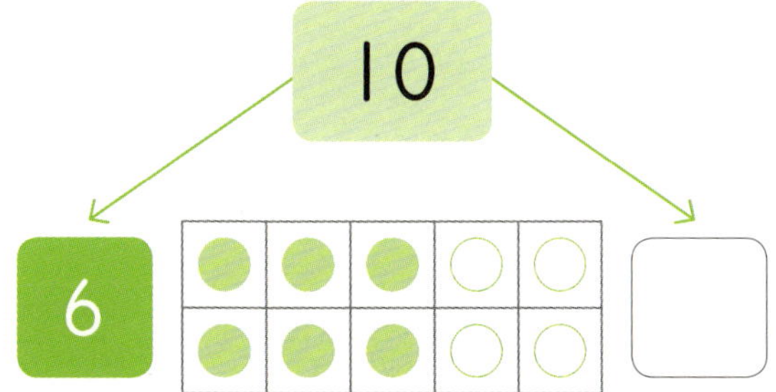
10
6

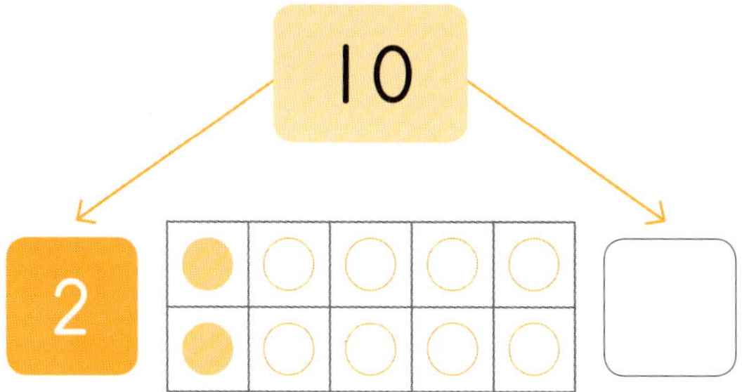
10
2

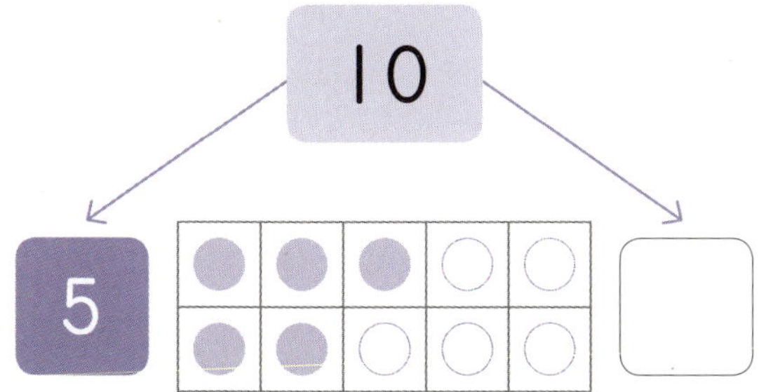
10
5

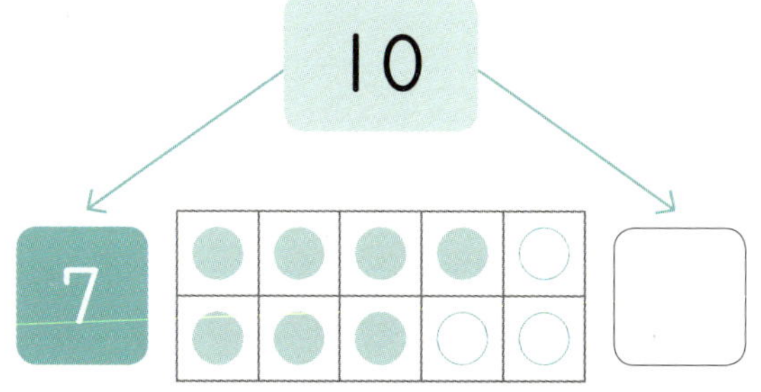
10
7

지오와 요괴는 사과를 나누어 가지려고 해요.

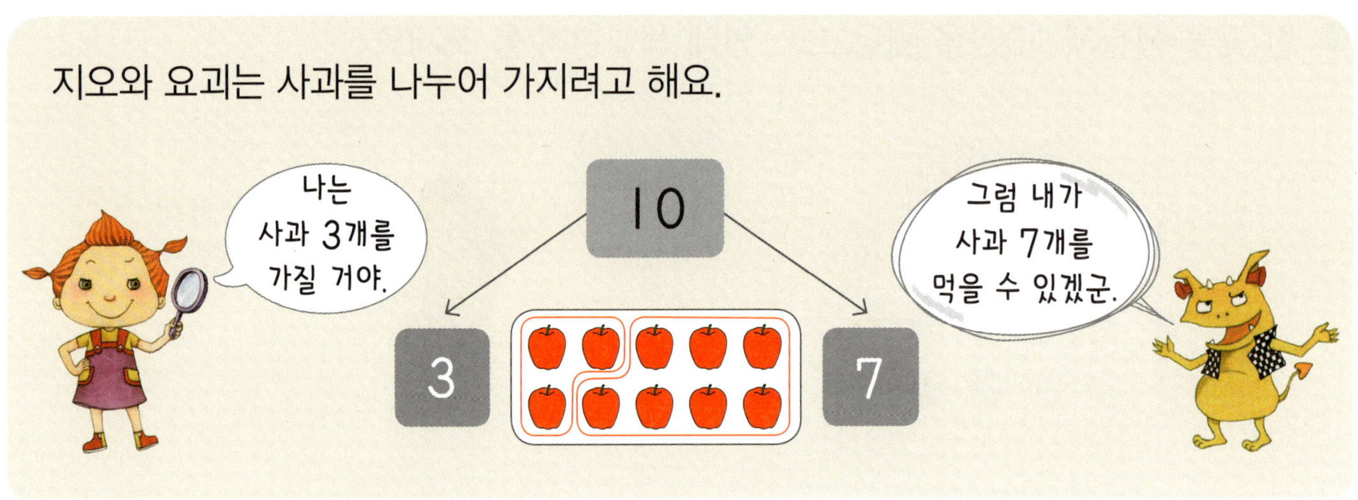

🌳 양쪽 수에 알맞게 과일을 두 묶음으로 묶으세요.

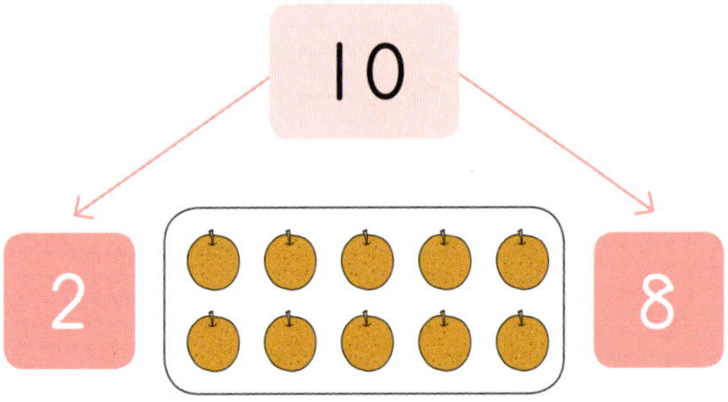

10
2
8

10
5
5

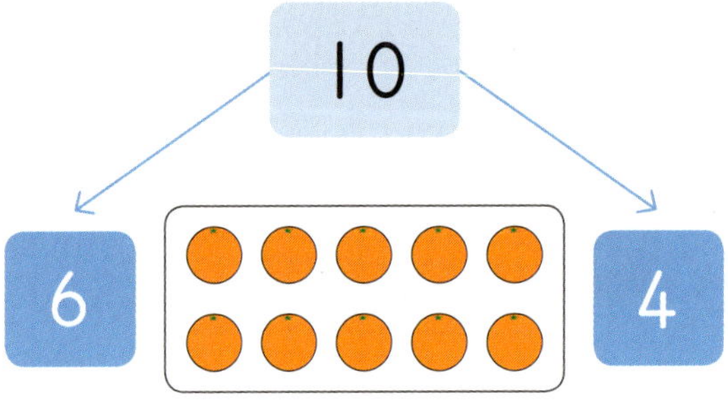

10
6
4

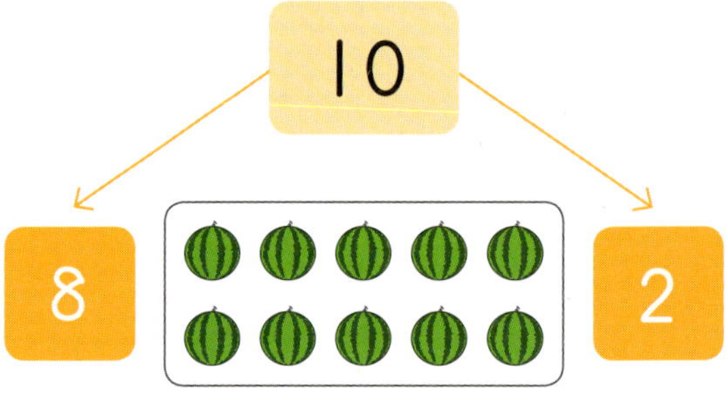

10
8
2

10
7
3

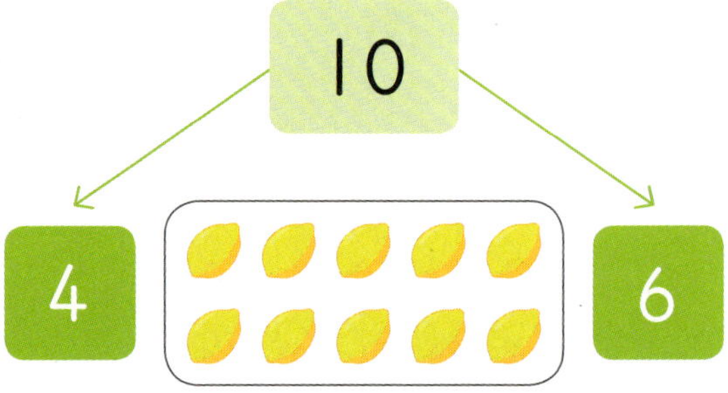

10
4
6

🌳 양쪽 수에 알맞게 두 묶음으로 묶으세요.

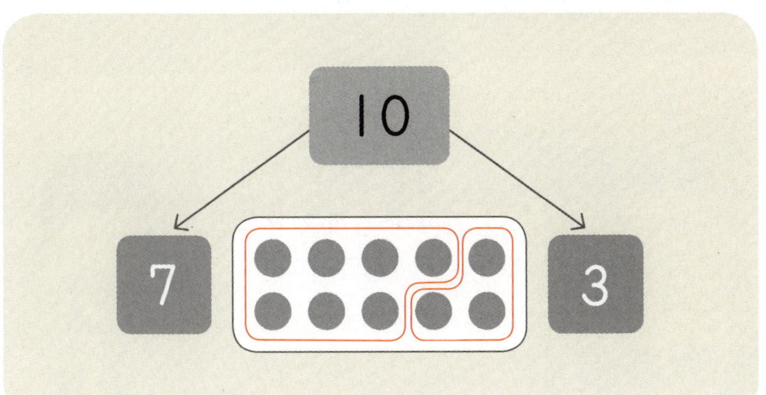

10을 7과
3으로 갈랐어.

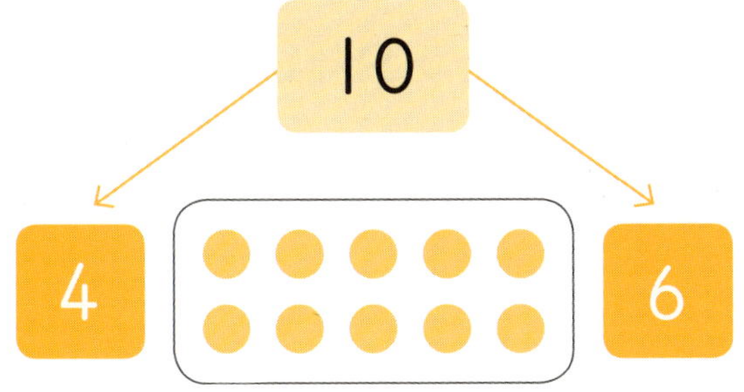

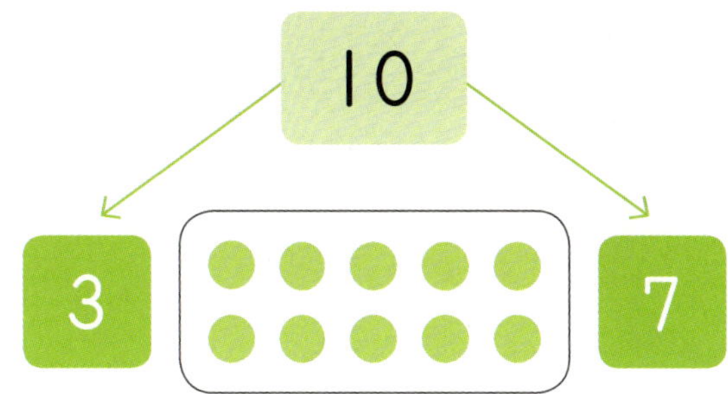

공부한 날
월
일
참 잘했어요

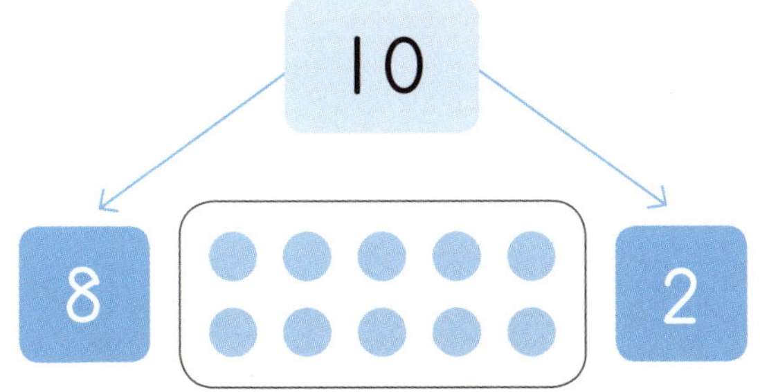

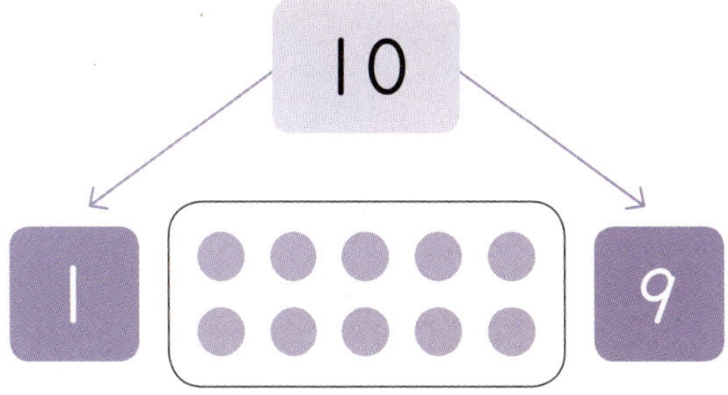

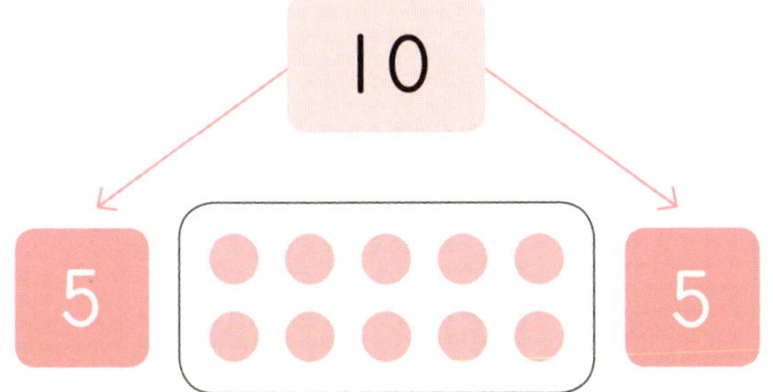

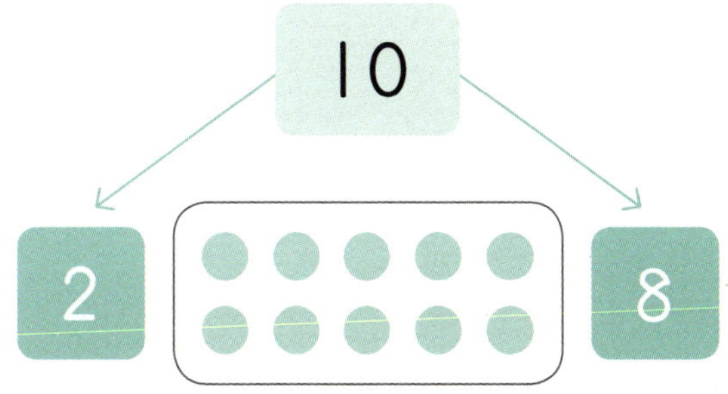

10개로 모으기

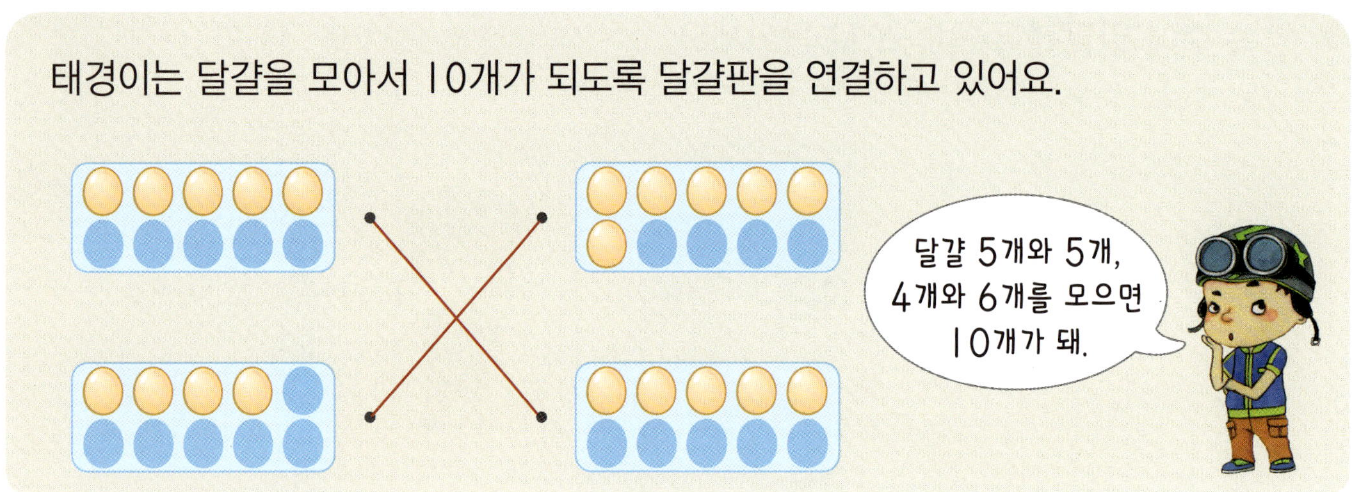

🌱 두 달걀판의 달걀을 모아서 10개가 되도록 달걀판을 선으로 이으세요.

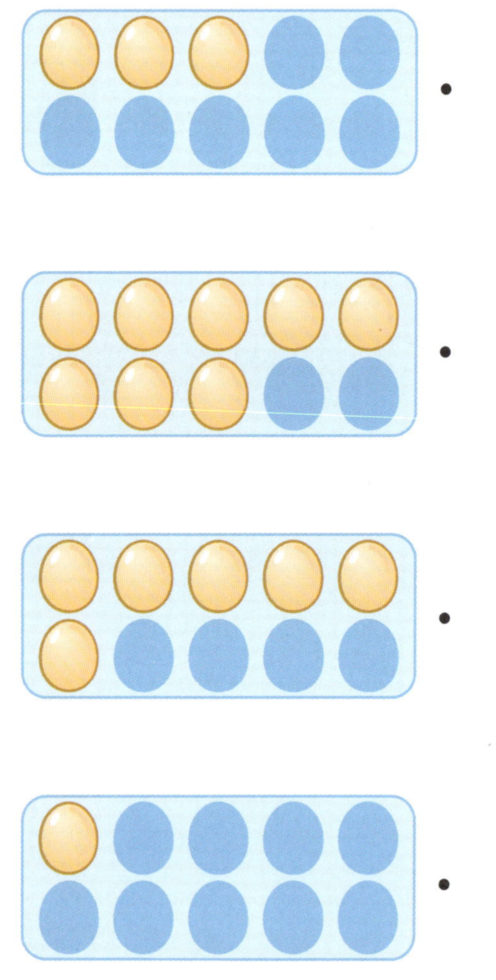

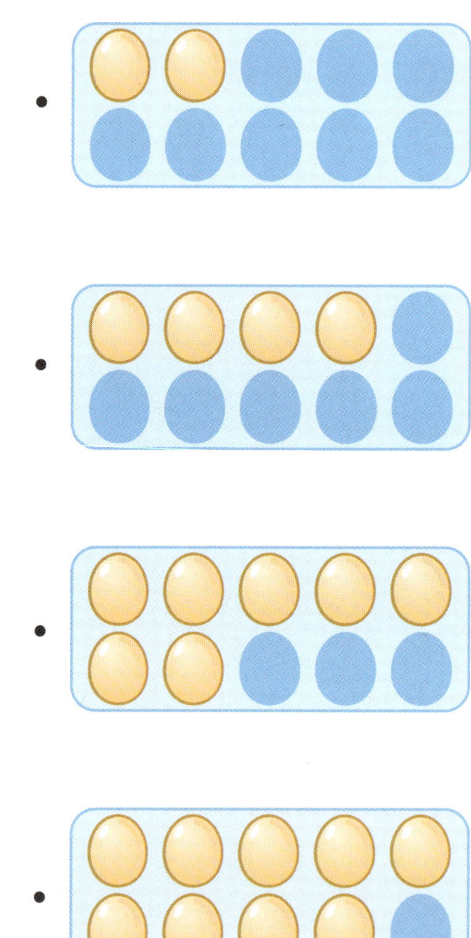

두 바구니의 달걀을 모아서 10개가 되는 바구니끼리 선으로 이으세요.

바구니 2개를
모아서 달걀 10개를
만들어야 해.

태경이가 풍선을 모으고 있어요.

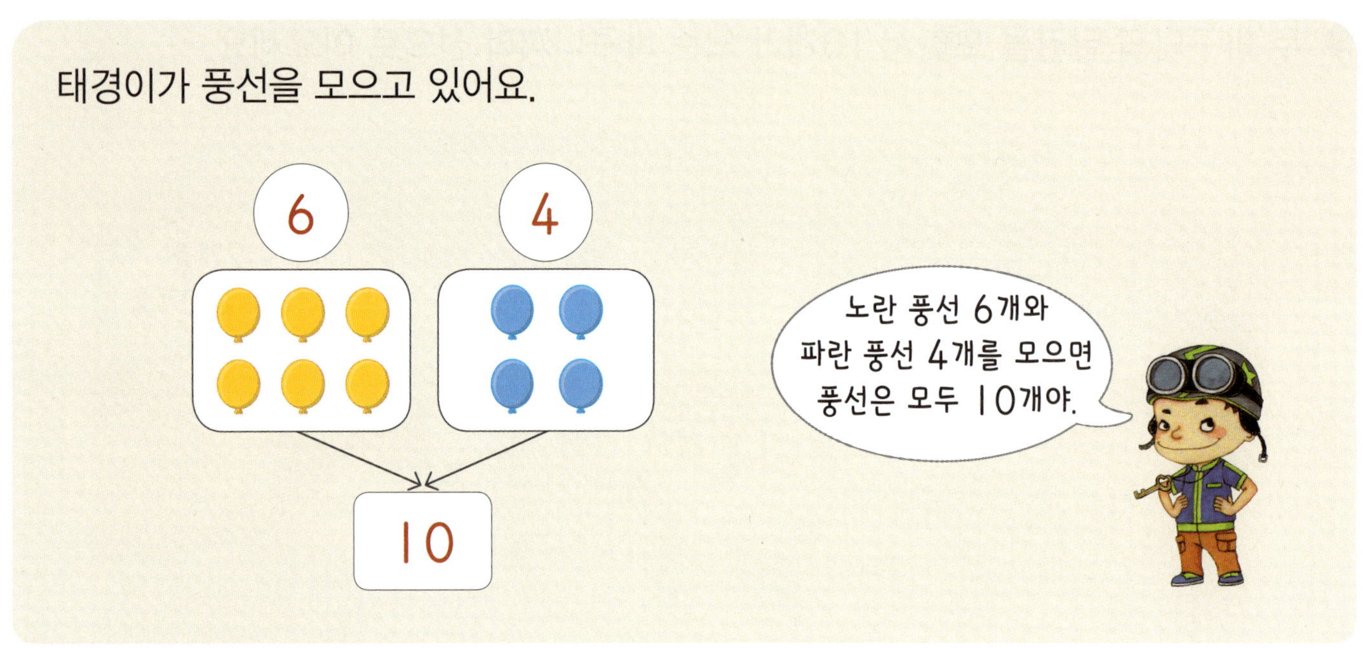

🌳 ◯ 안에 풍선의 수를 각각 쓰고 ⬜ 안에 풍선을 모은 수를 쓰세요.

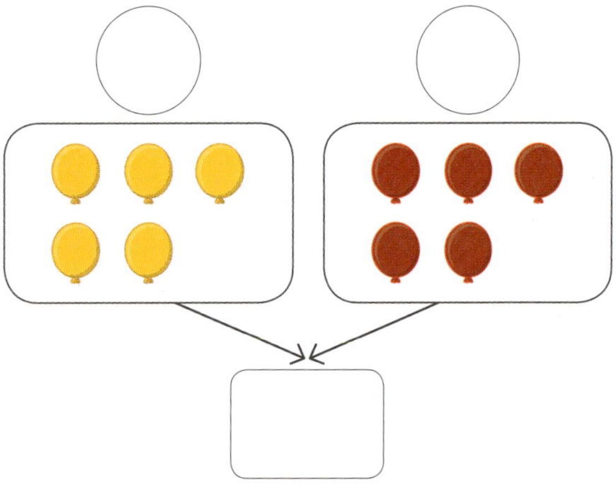

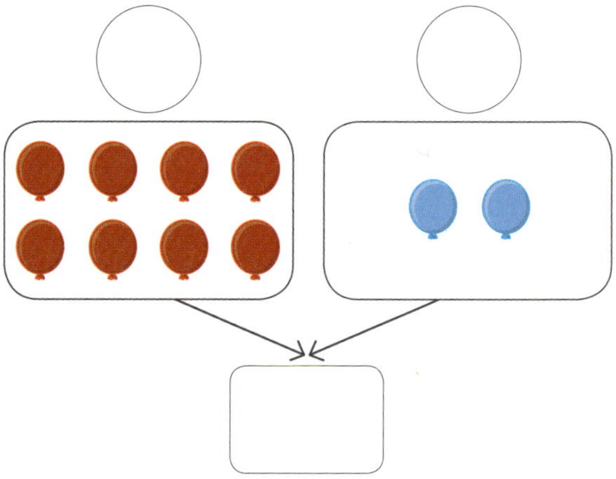

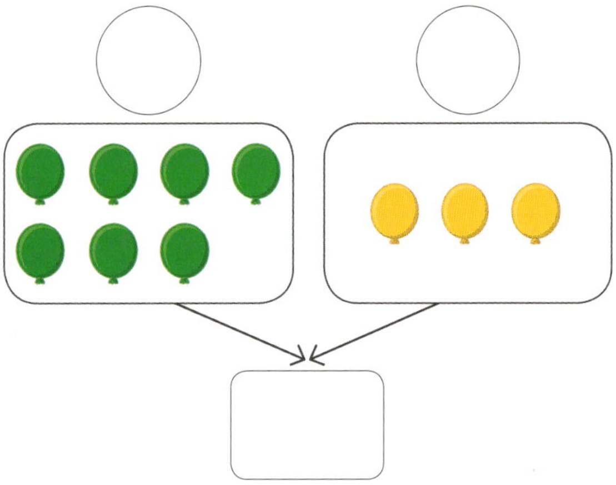

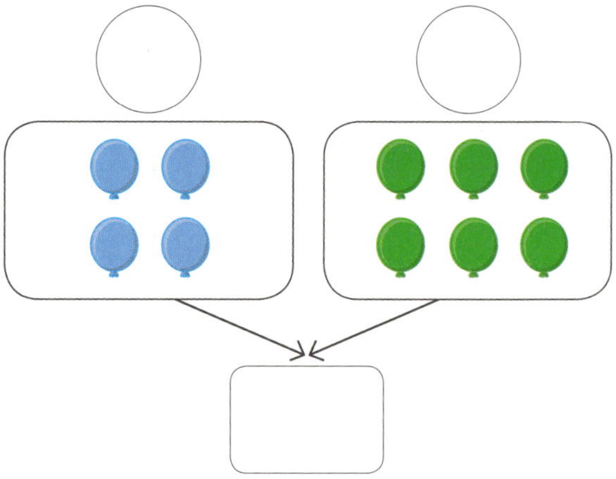

🌳 ◯ 안에 동그라미의 수를 각각 쓰고 ▢ 안에 동그라미를 모은 수를 쓰세요.

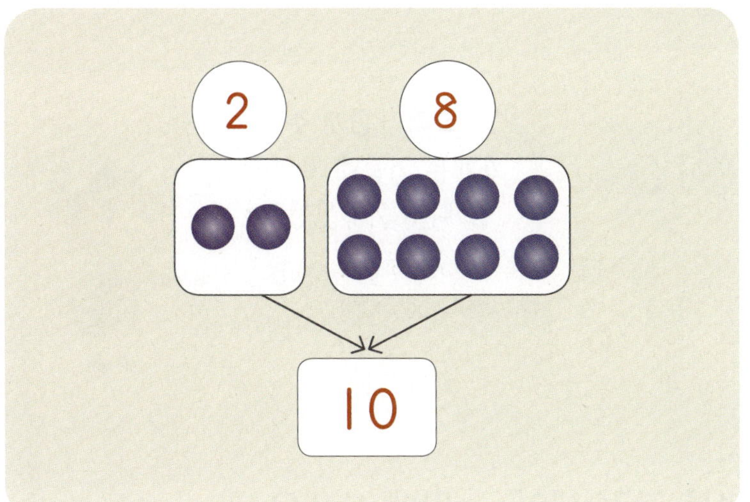

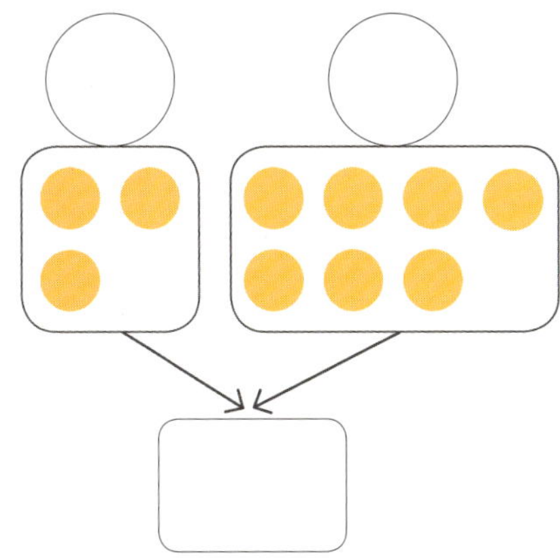

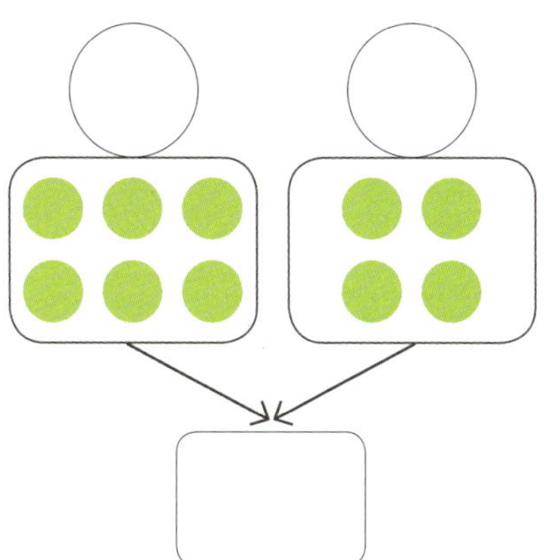

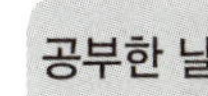

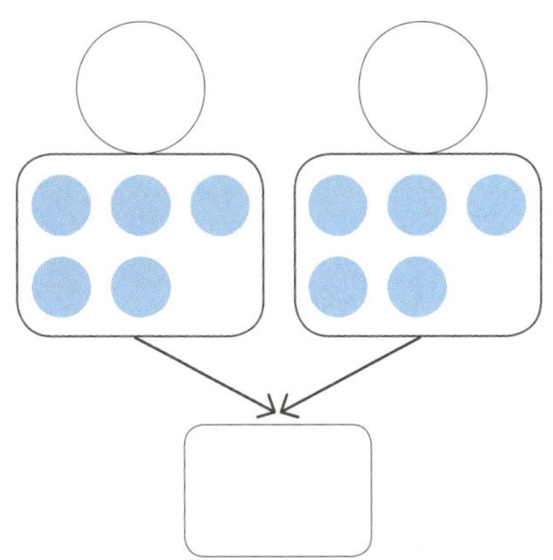

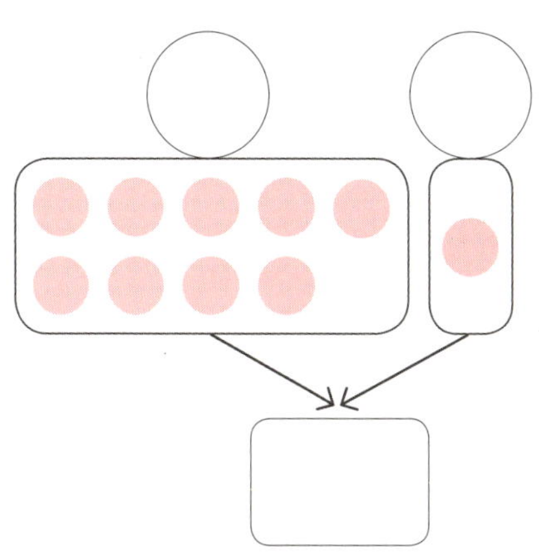

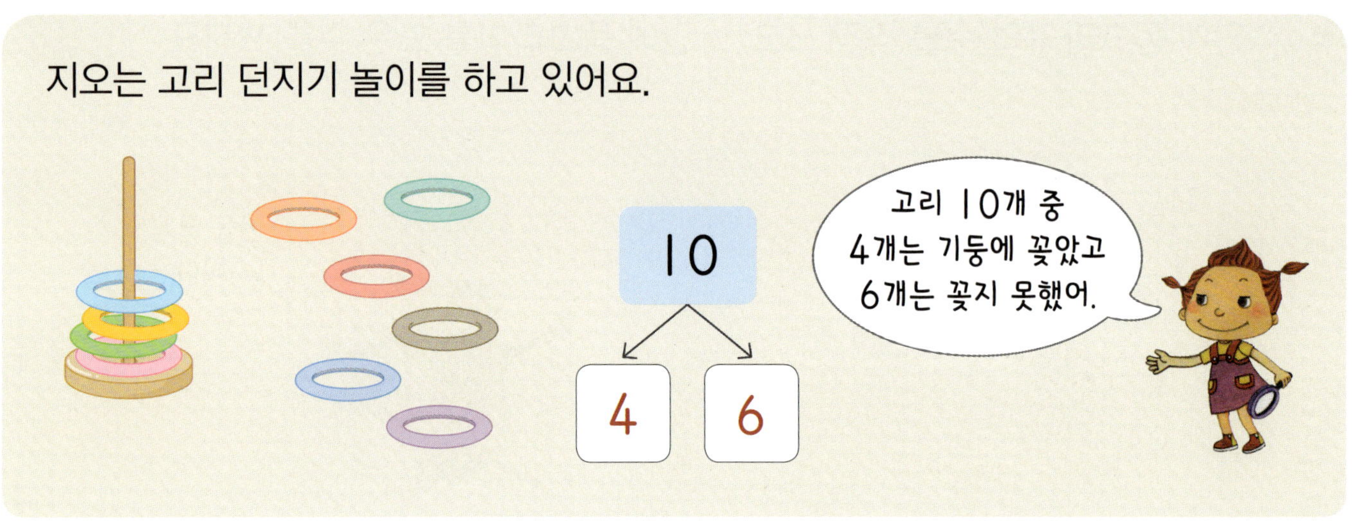

기둥에 꽂힌 고리와 꽂히지 않은 고리를 각각 세어 ☐ 안에 쓰세요.

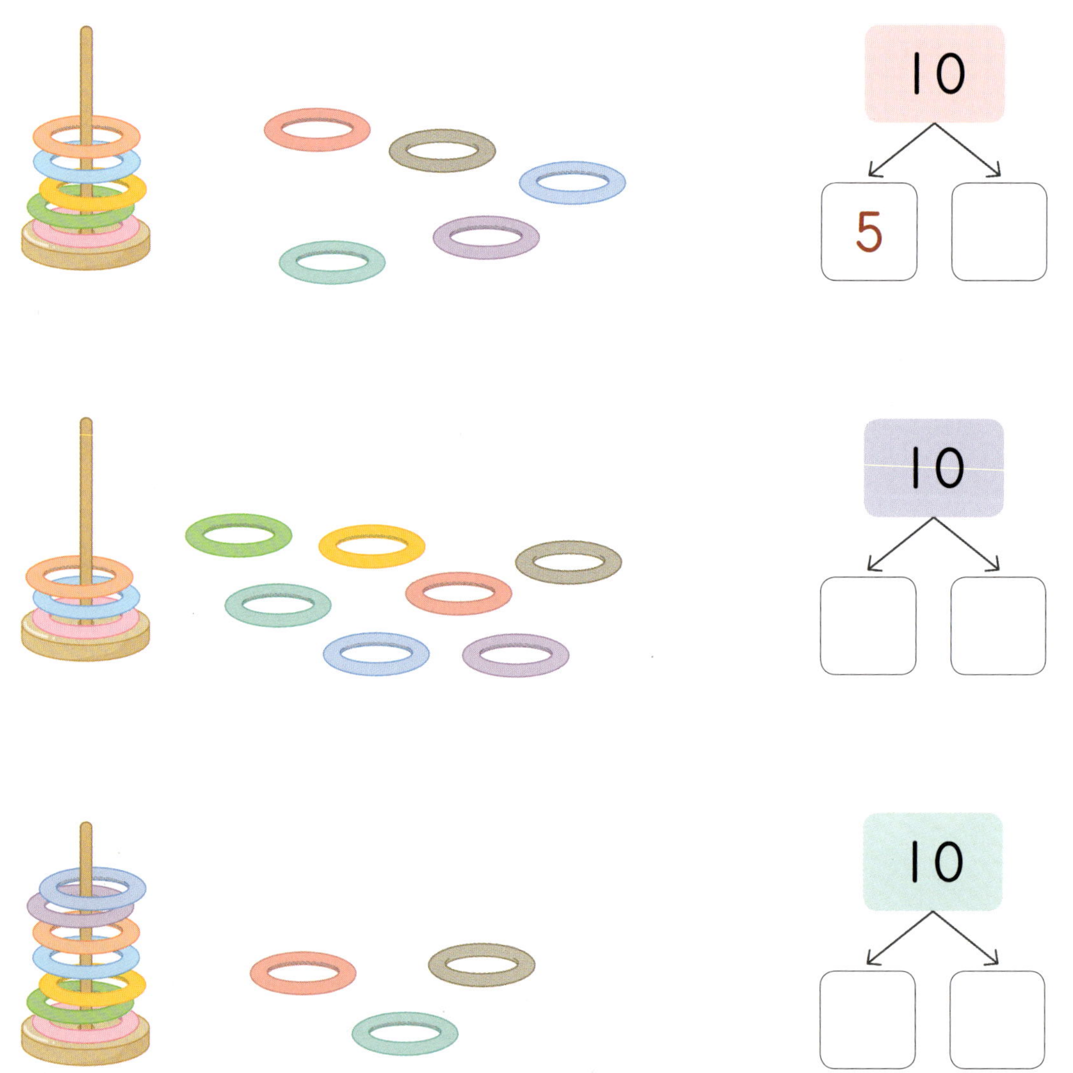

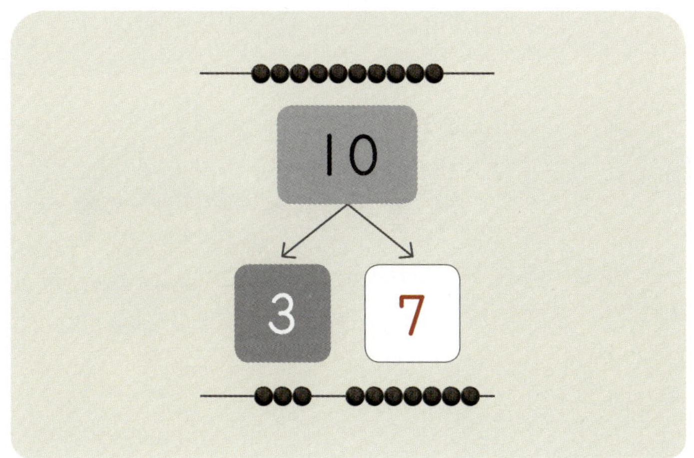

10은 3과 7로
가를 수 있어.

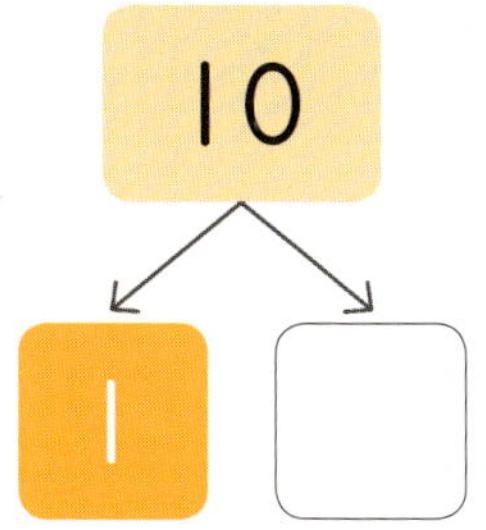

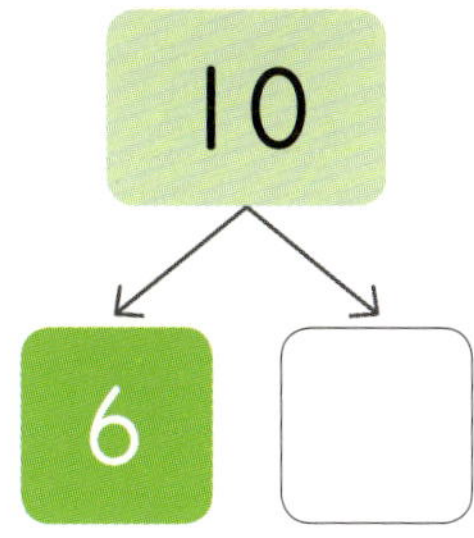

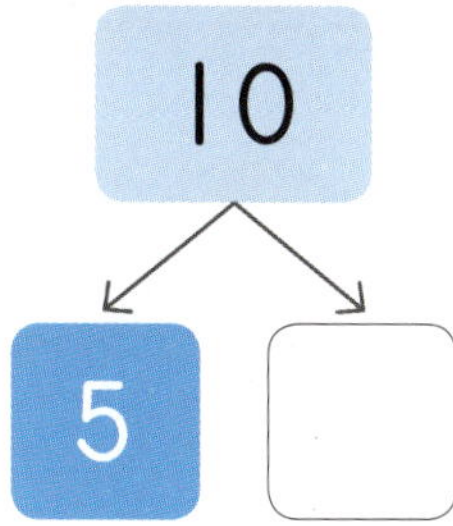

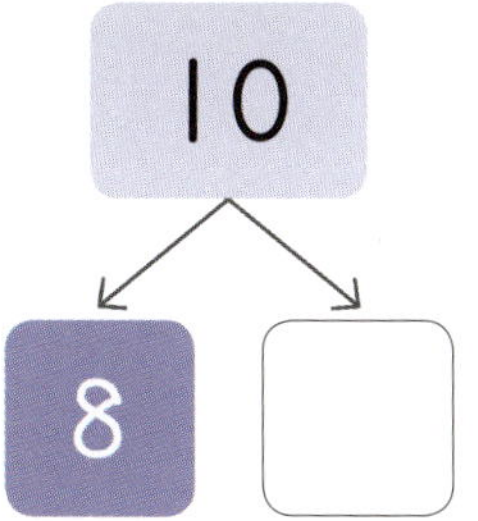

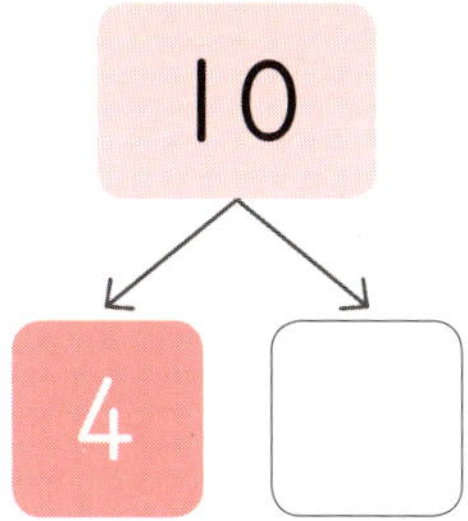

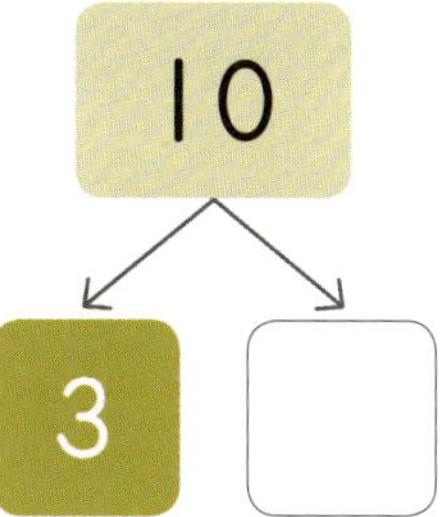

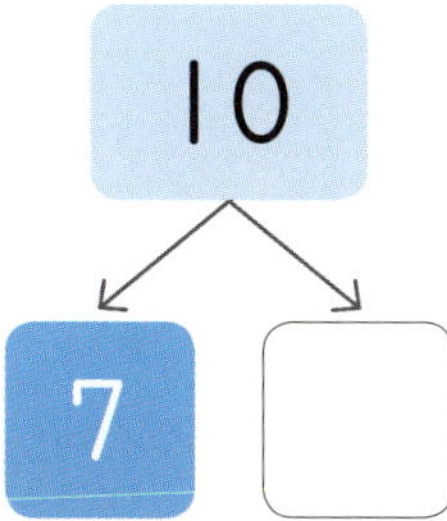

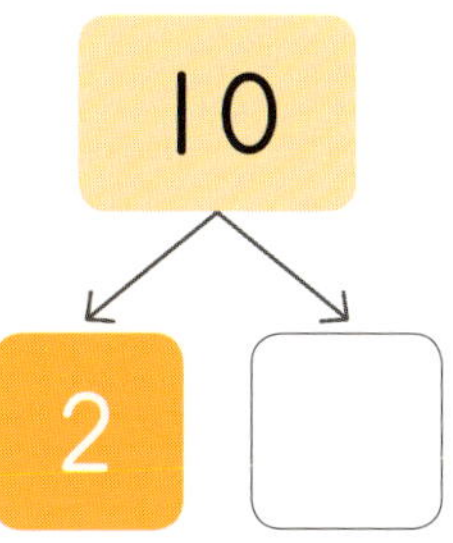

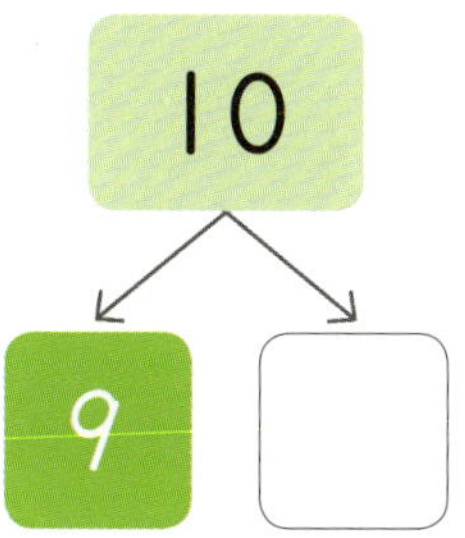

열기구가 나무에 묶여 있어요.

🌳 10을 가른 두 수를 찾아 선으로 이으세요.

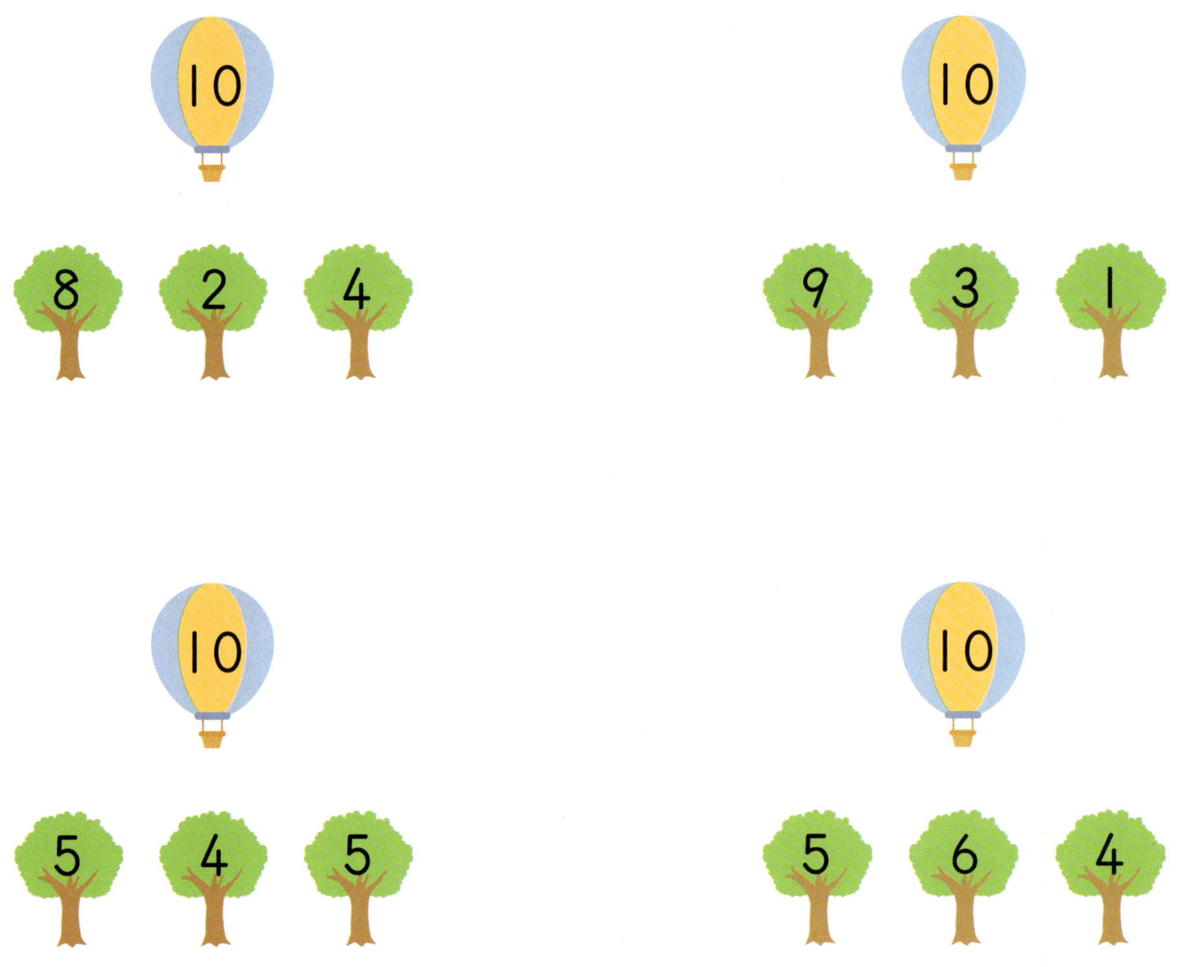

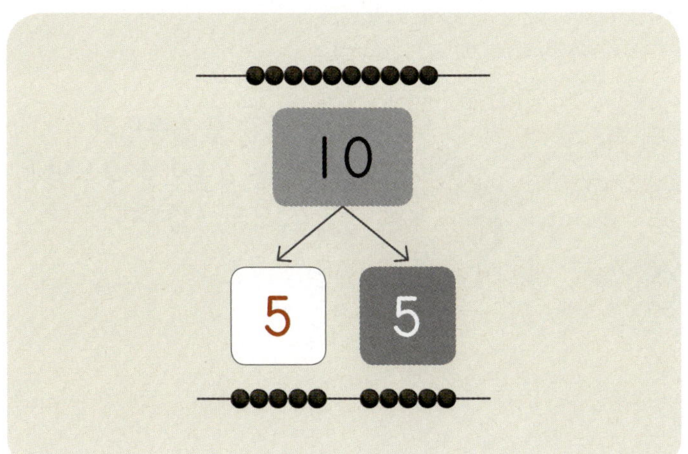

10은 5와 5로
가를 수 있어.

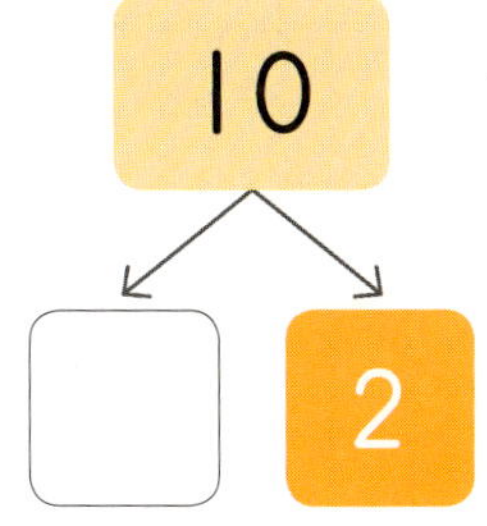

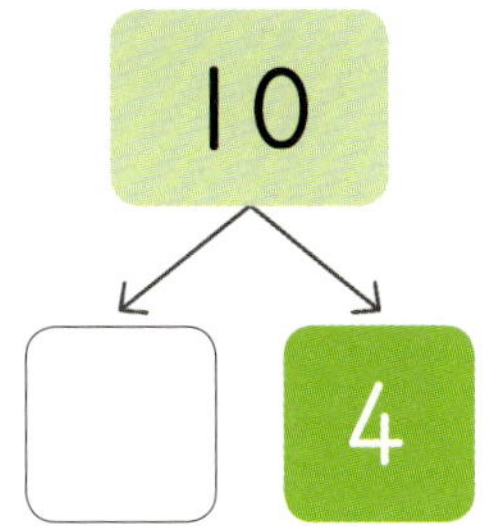

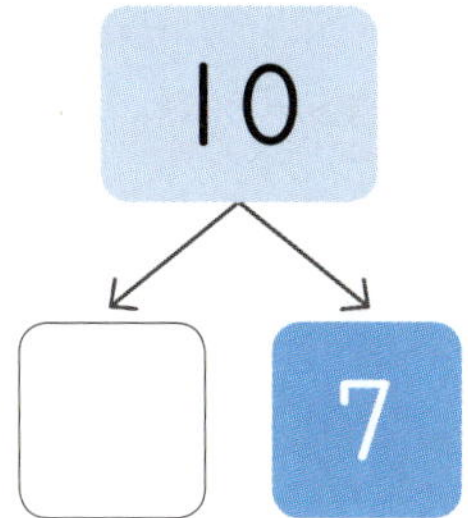

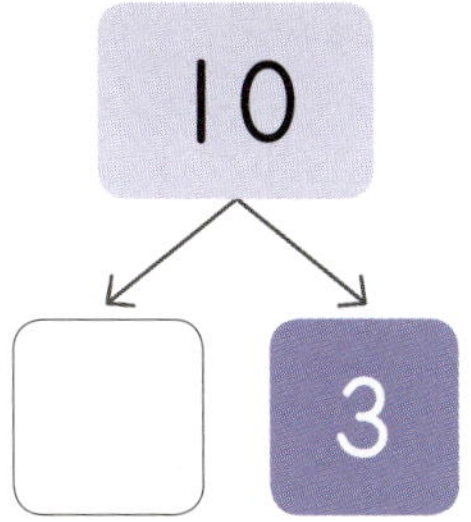

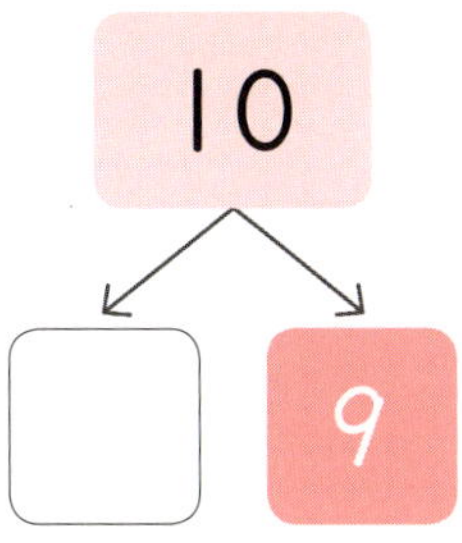

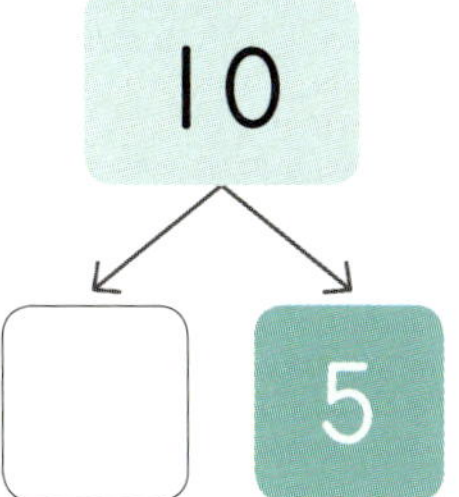

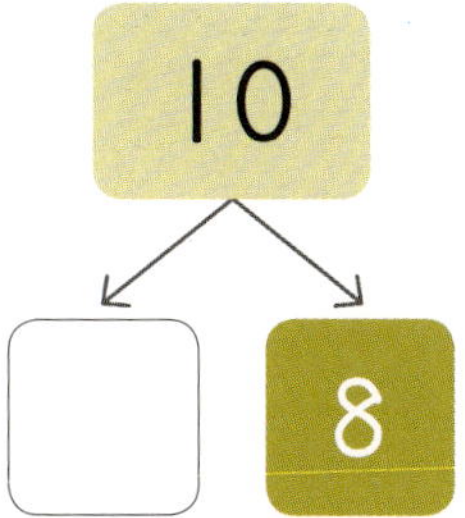

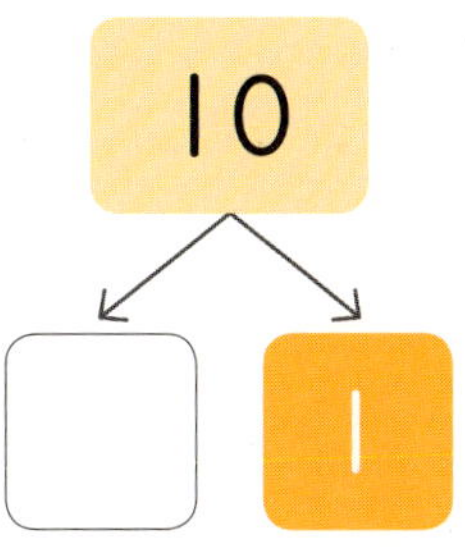

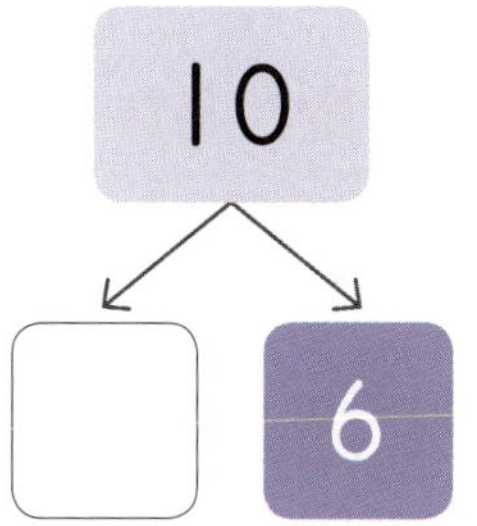

🌳 빨간 꽃과 노란 꽃을 각각 세어 ⬜ 안에 쓰세요.

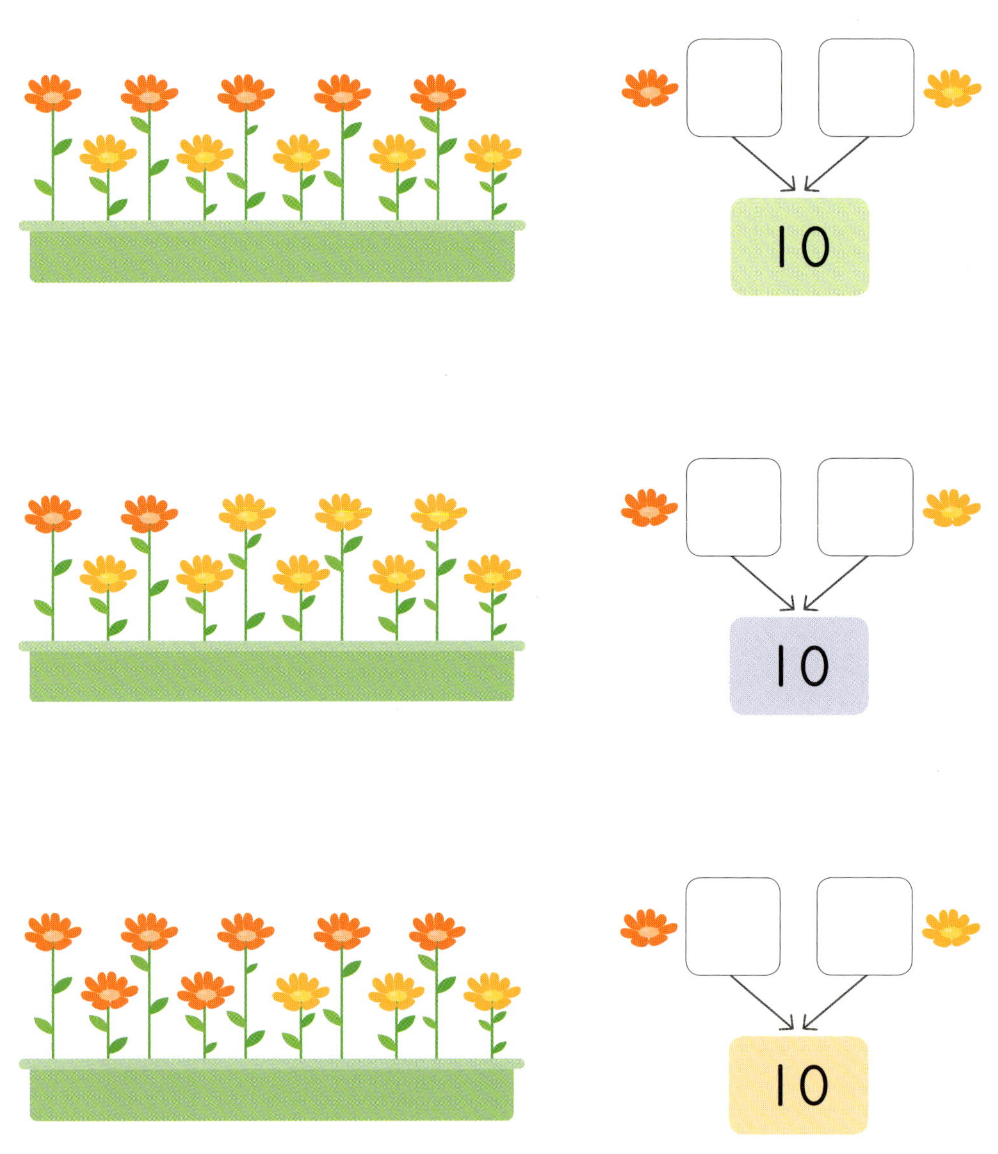

🌳 ☐ 안에 알맞은 수를 쓰세요.

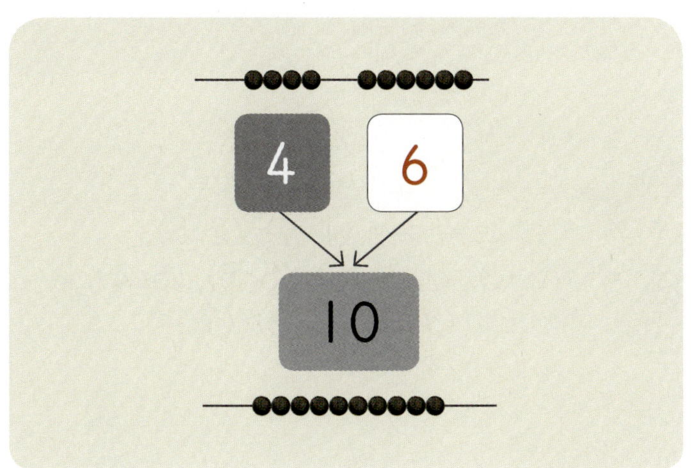

4
6
10

10이 되려면
4와 6을
모으면 돼.

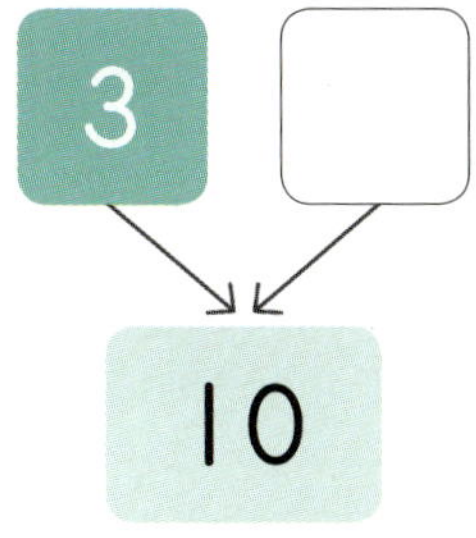

3
10

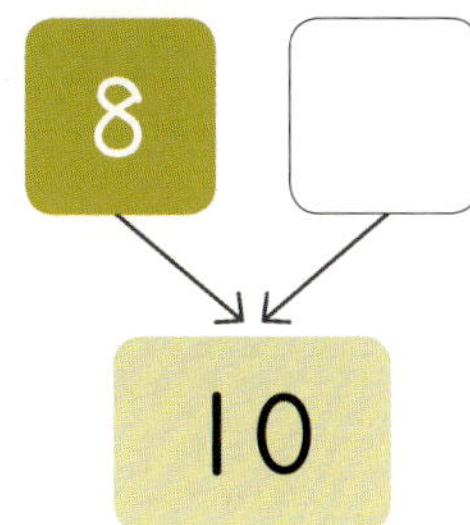

8
10

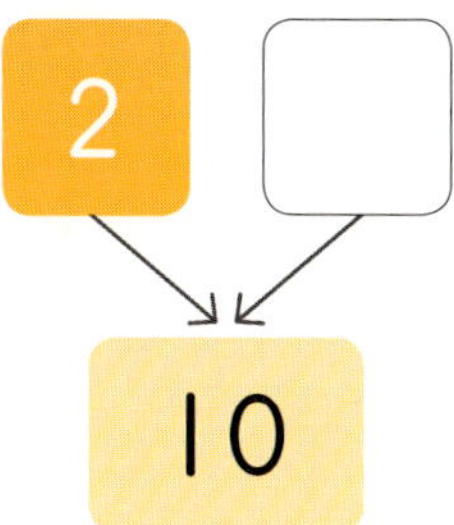

2
10

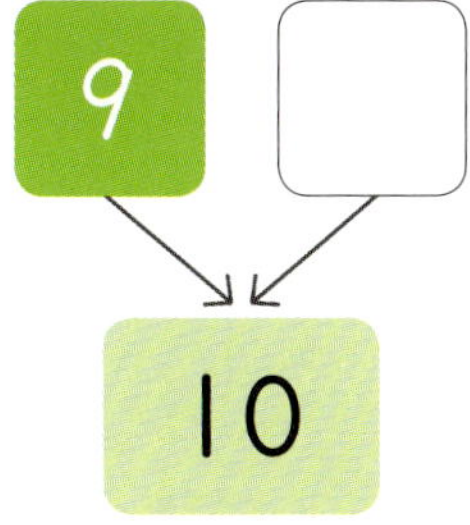

9
10

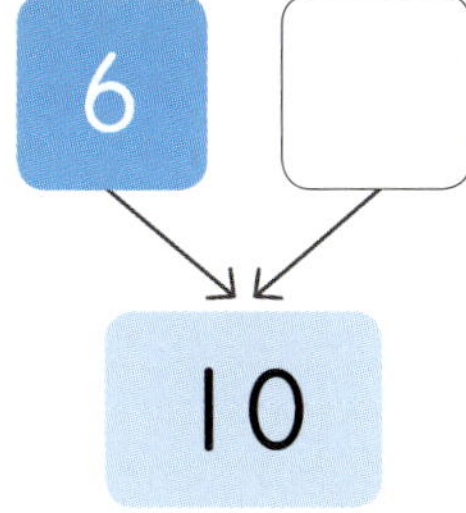

6
10

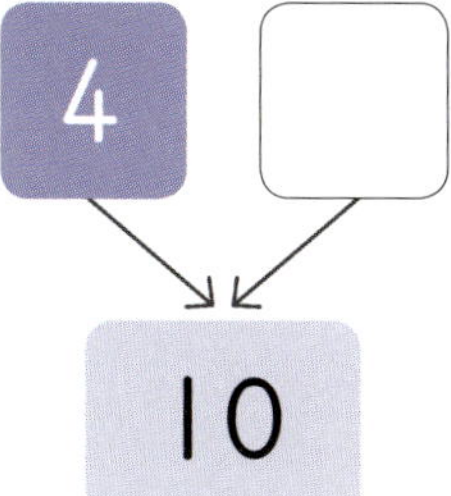

4
10

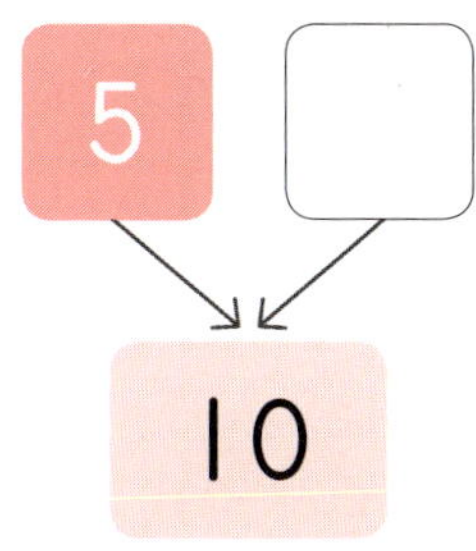

5
10

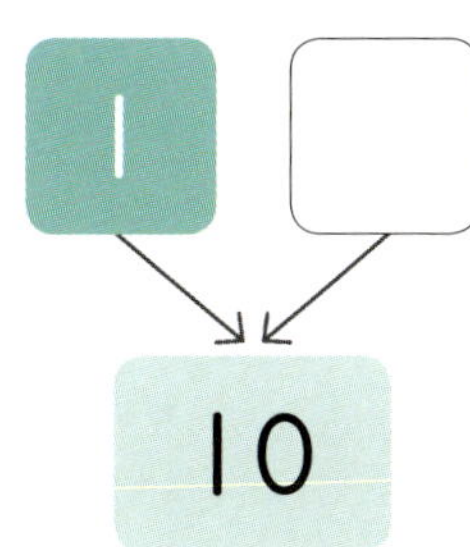

1
10

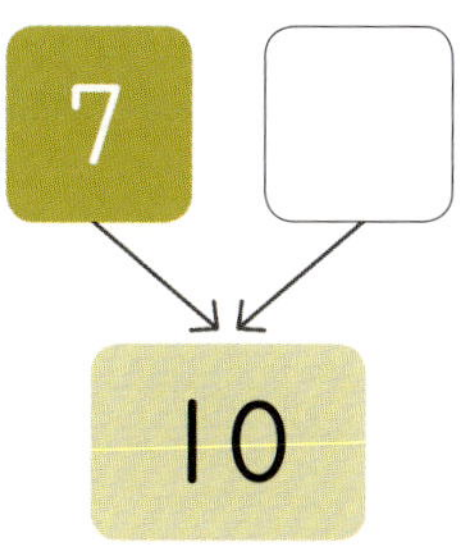

7
10

지오는 모아서 10이 되는 두 수끼리 선으로 이었어요.

🌳 모아서 10이 되는 두 수를 찾아 선으로 이으세요.

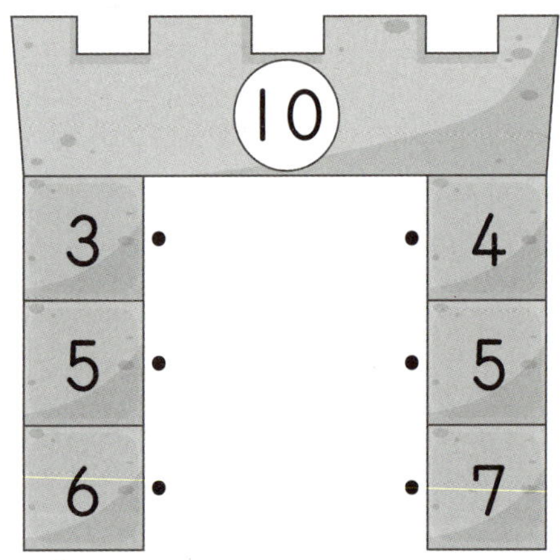

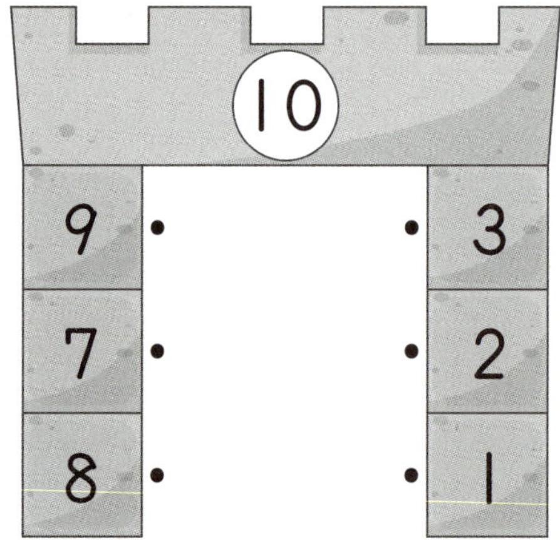

🌳 ☐ 안에 알맞은 수를 쓰세요.

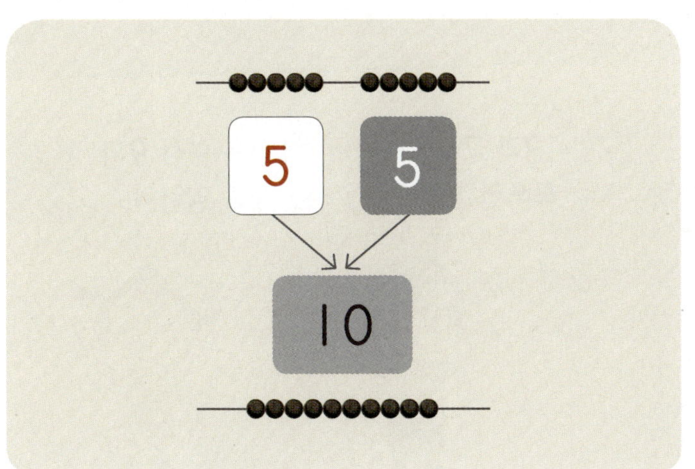

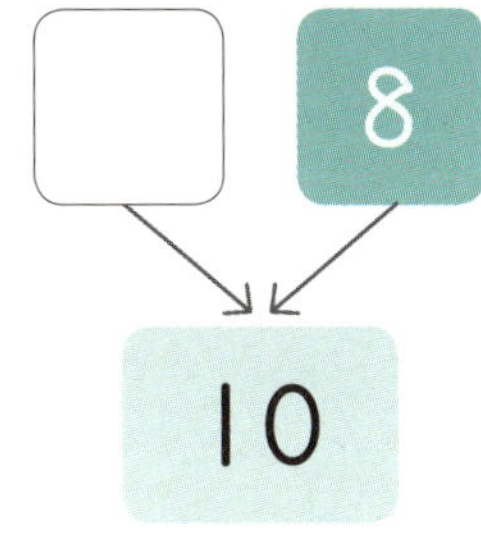

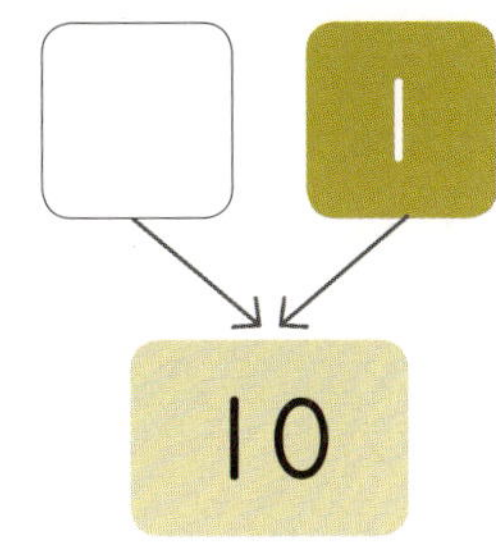

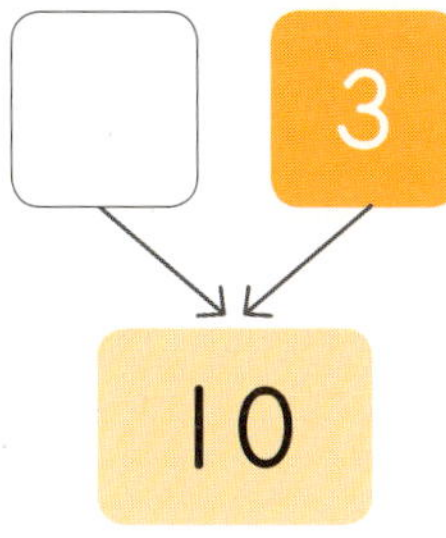

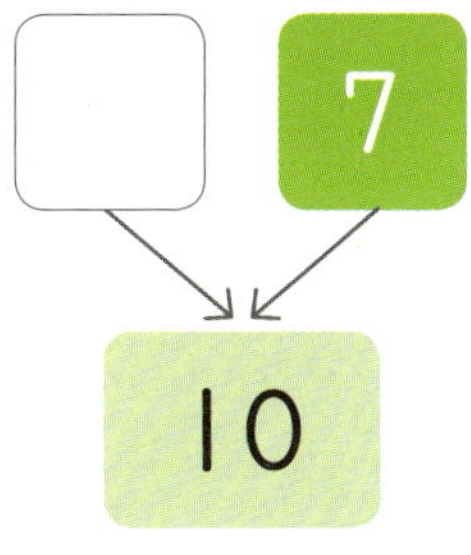

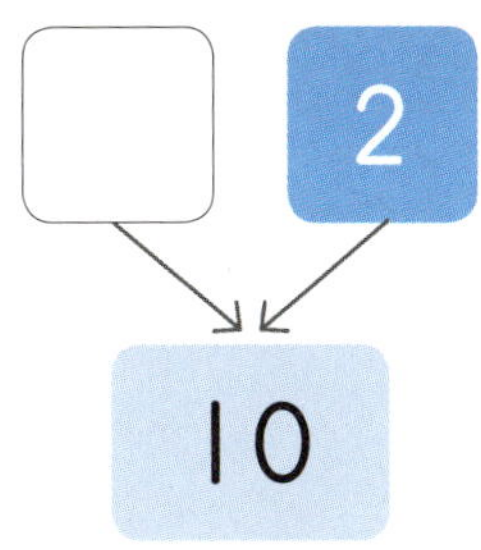

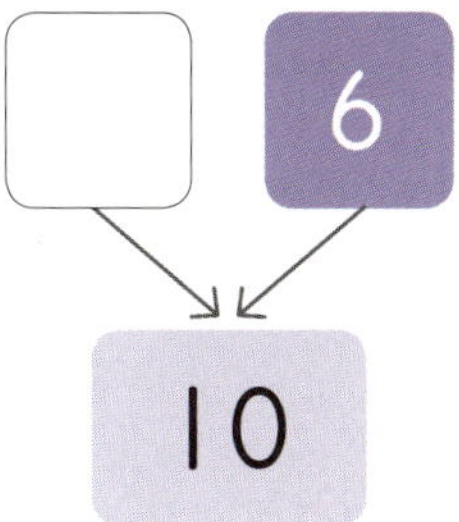

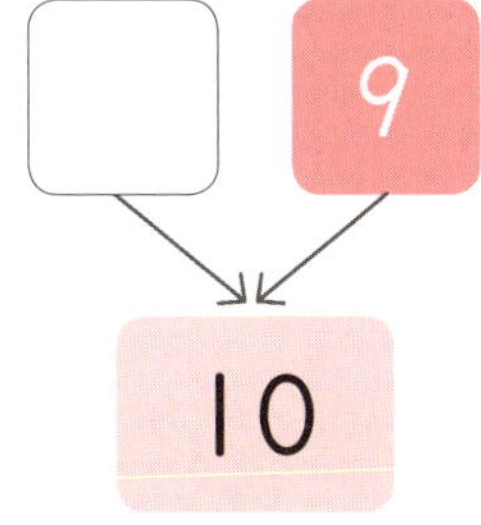

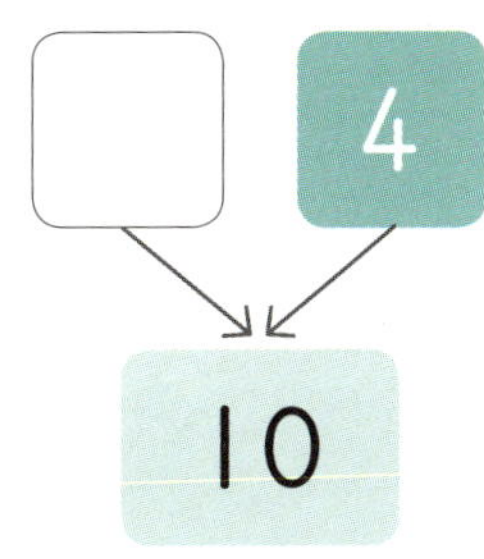

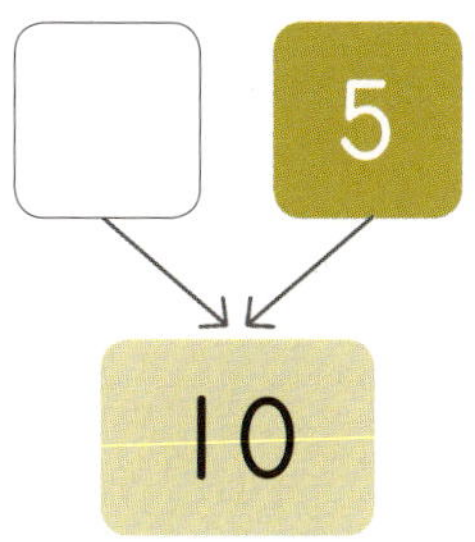

10 가르고 모으기

🌳 물고기에 쓰인 수를 모으고 갈라요. 빈 곳에 알맞은 수를 쓰세요.

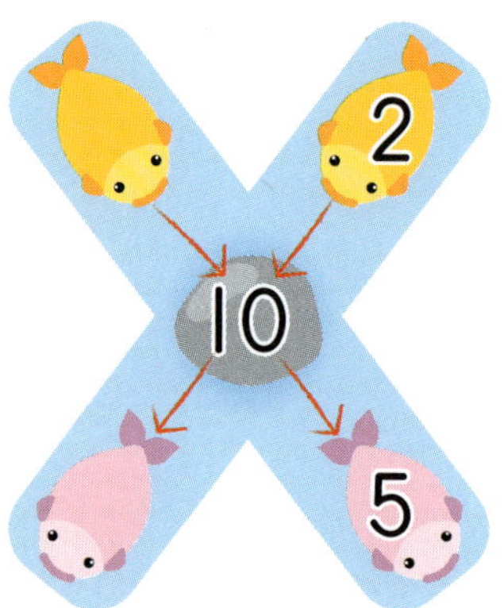

🌳 ⬚ 안에 알맞은 수를 쓰세요.

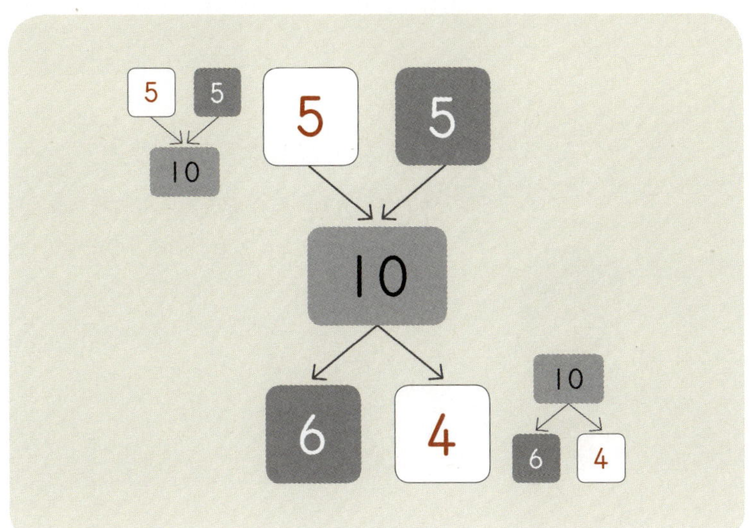

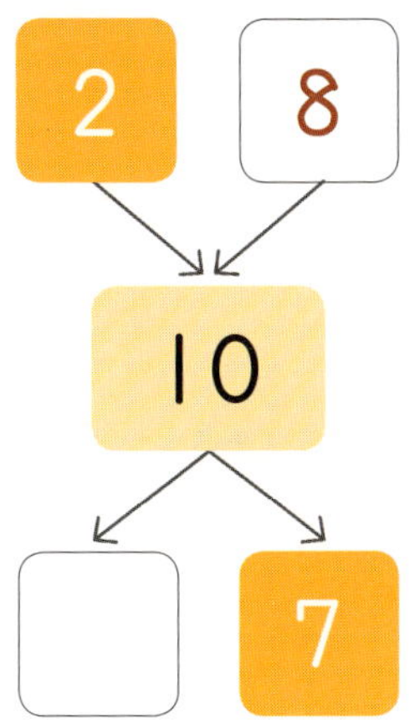

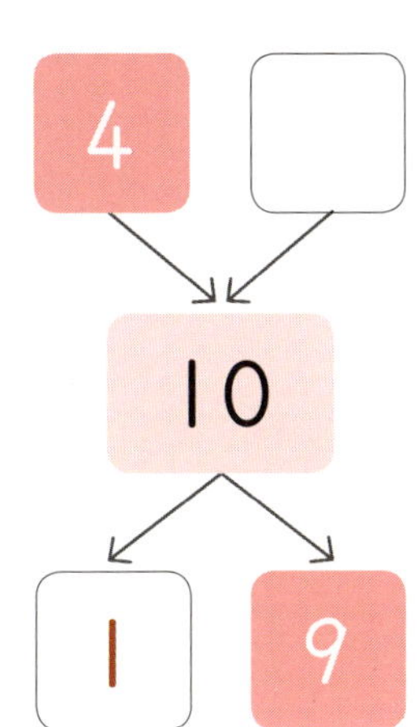

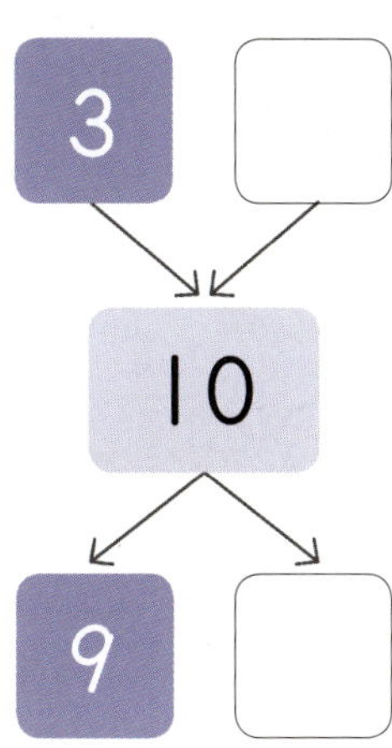

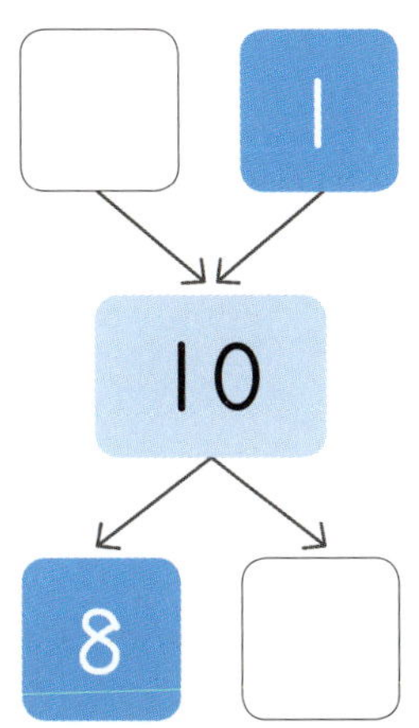

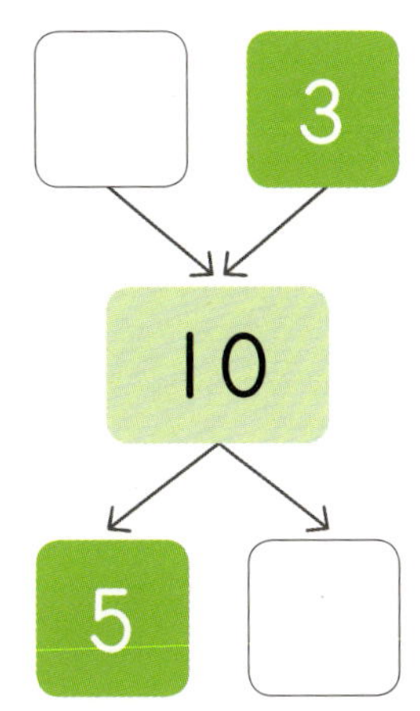

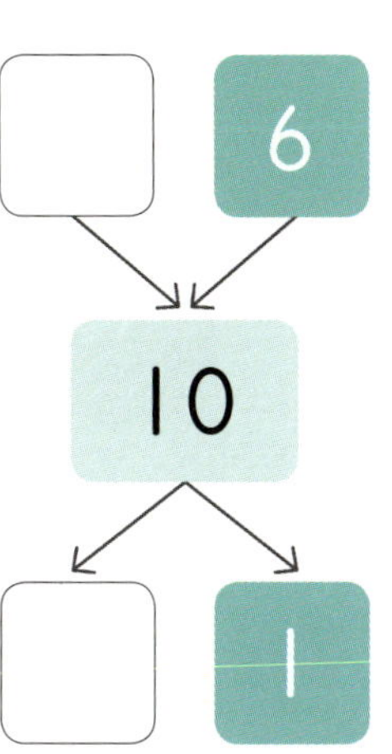

🌳 빈 곳에 알맞은 수를 쓰세요.

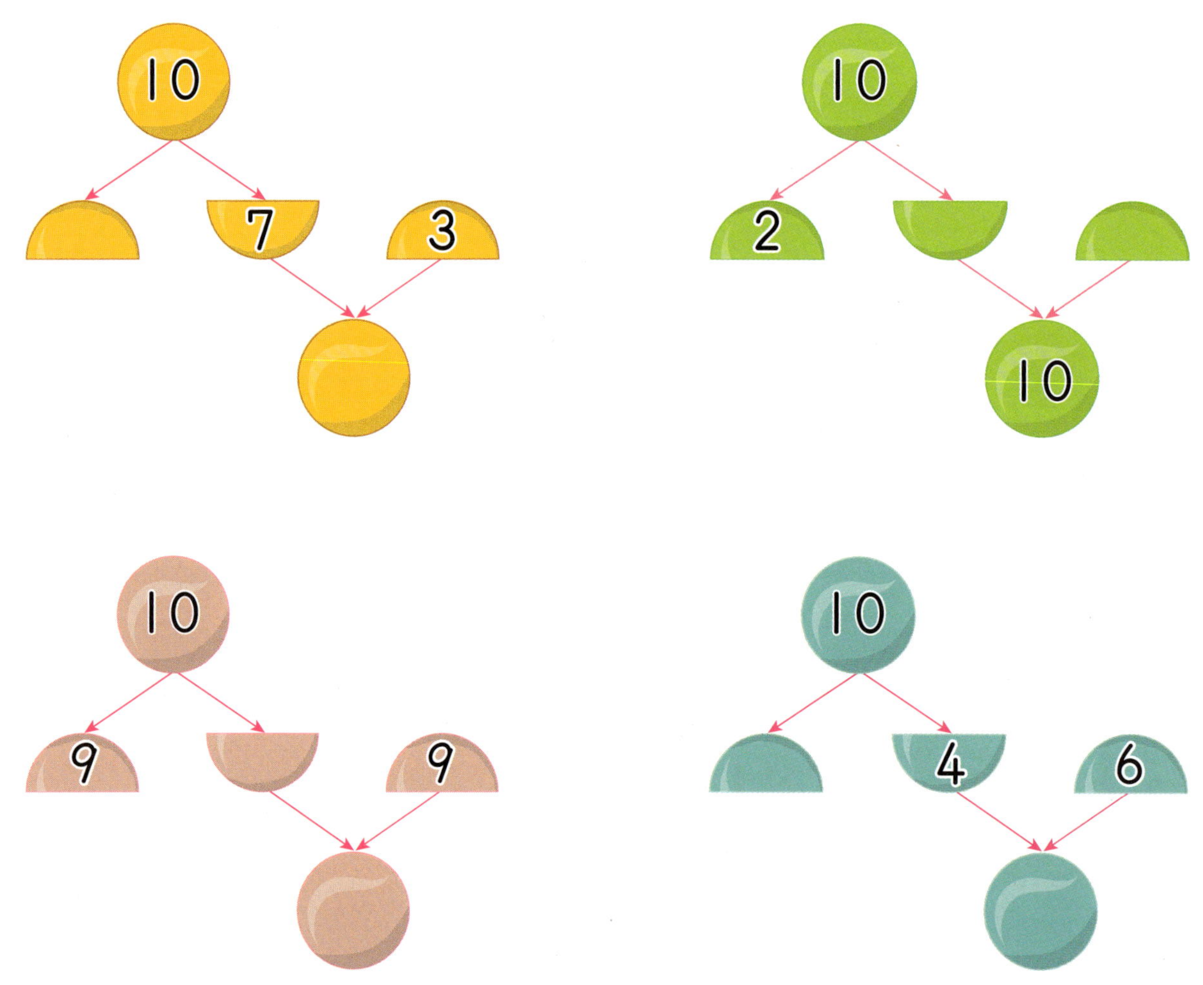

🌳 ☐ 안에 알맞은 수를 쓰세요.

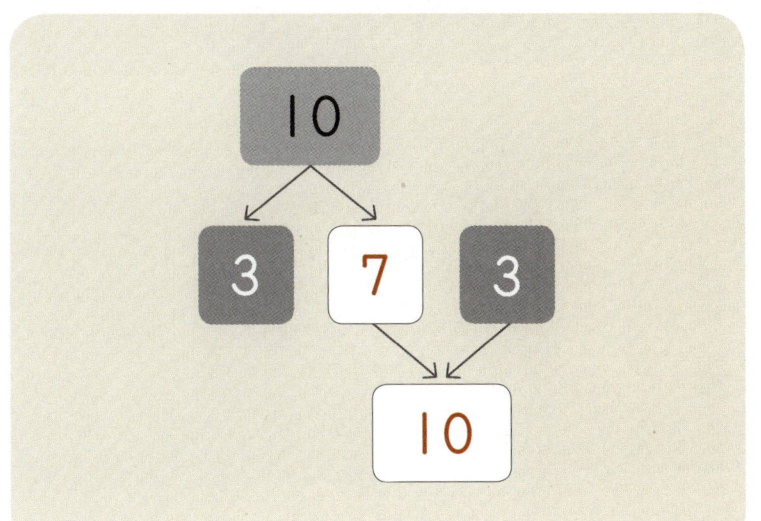

10
3   7   3
10

10을 3과 7로
가른 다음, 7과 3을
다시 모았어.

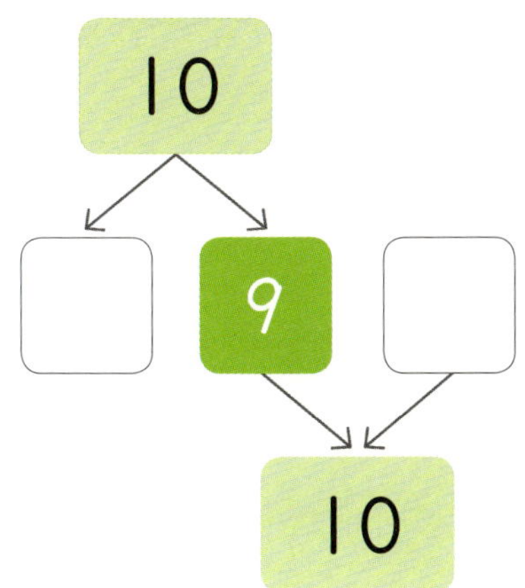

10
9
10

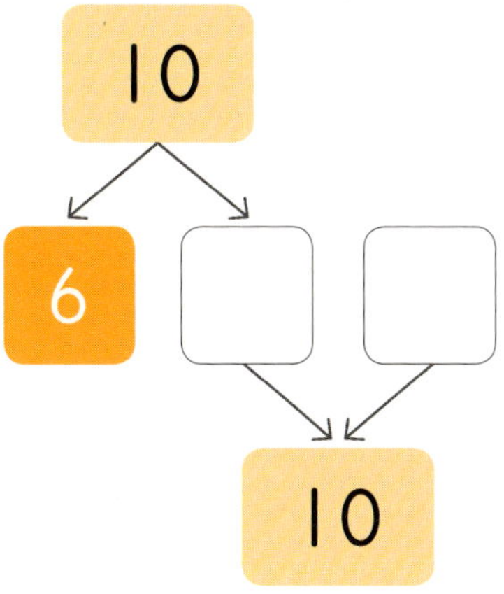

10
6
10

공부한 날
월
일

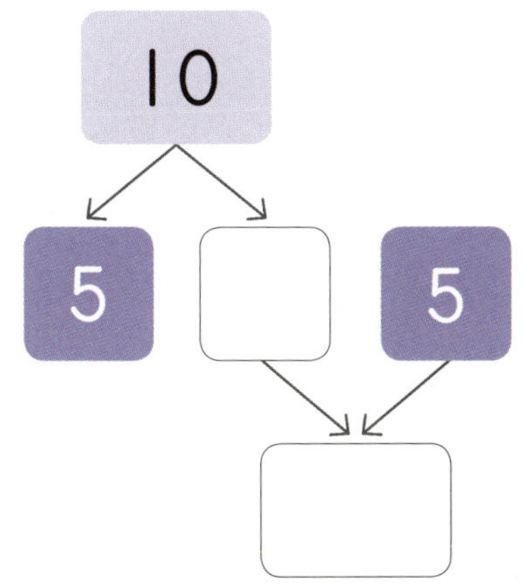

10
5   5

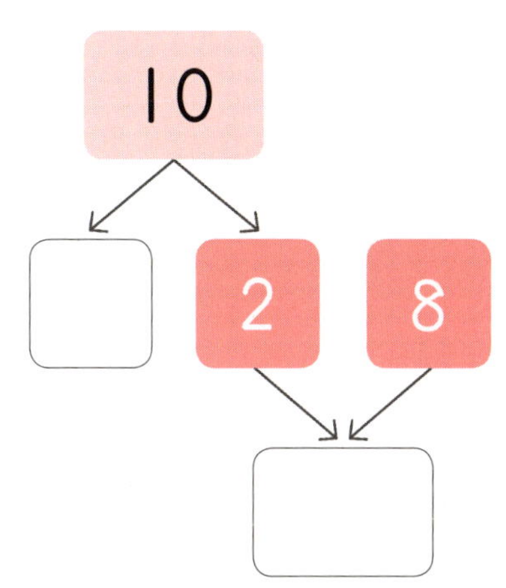

10
2   8

무엇을 배웠을까요

▲ 빈 곳을 색칠해 10칸을 채우고 ☐ 안에 색칠한 수를 쓰세요.

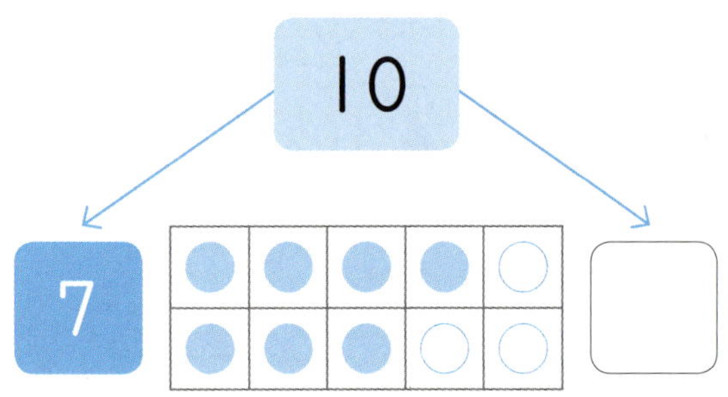

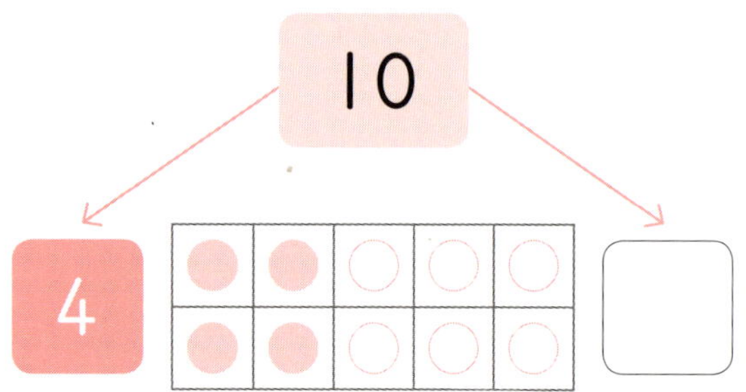

▲ ◯ 안에 동그라미의 수를 각각 쓰고 ☐ 안에 동그라미를 모은 수를 쓰세요.

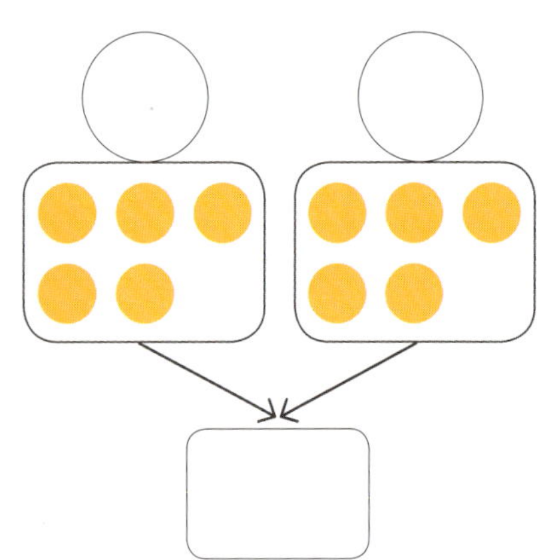

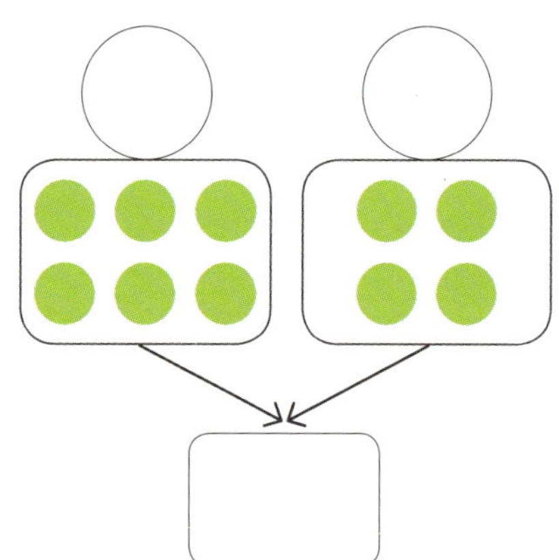

▲ ☐ 안에 알맞은 수를 쓰세요.

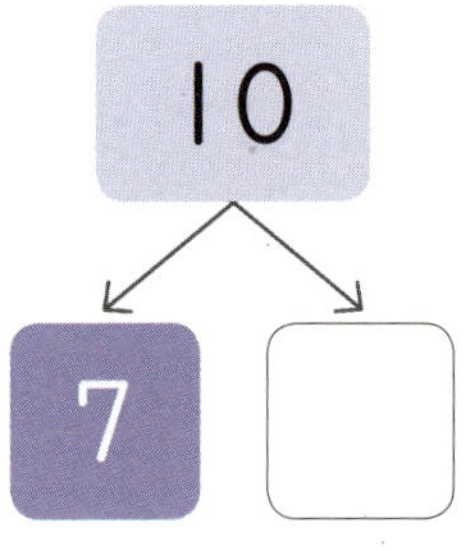

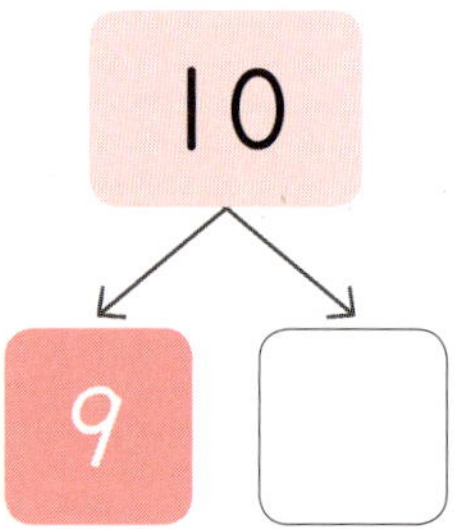

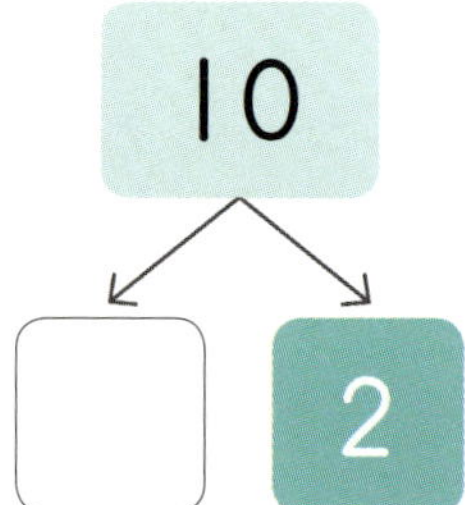

🌲 ⬜ 안에 알맞은 수를 쓰세요.

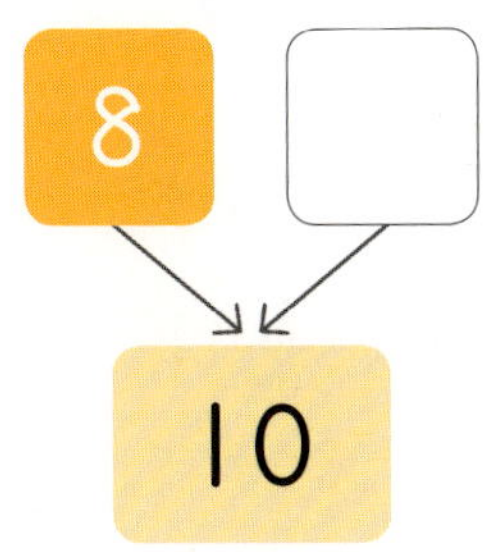
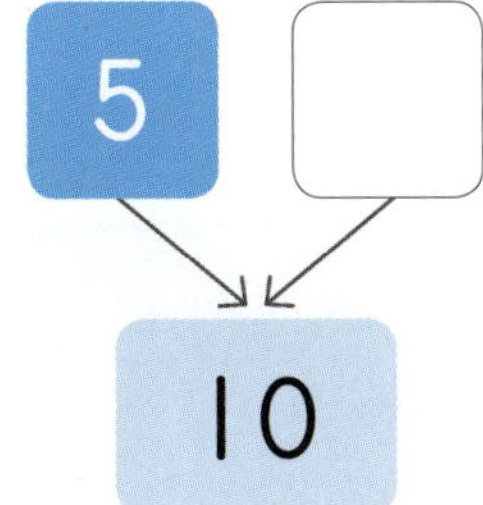
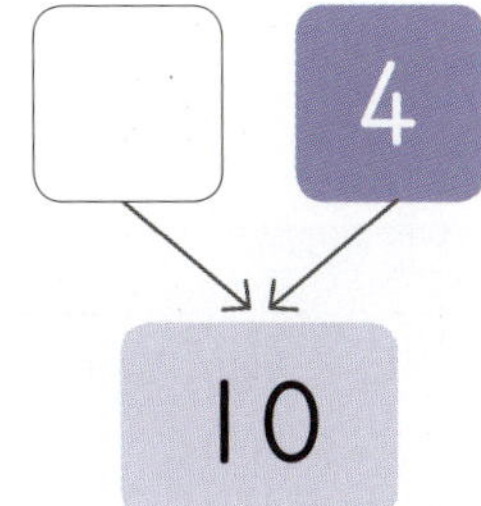

🌲 모아서 10이 되는 두 수를 찾아 선으로 이으세요.

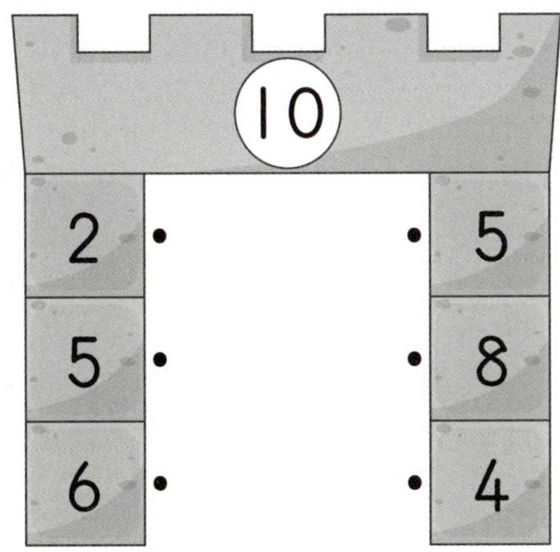

🌲 ⬜ 안에 알맞은 수를 쓰세요.

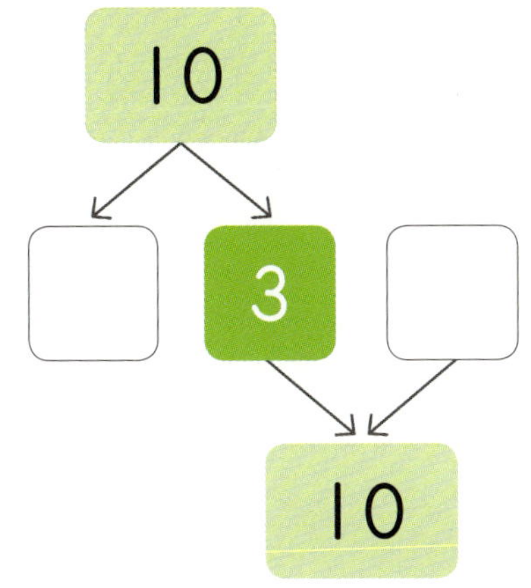

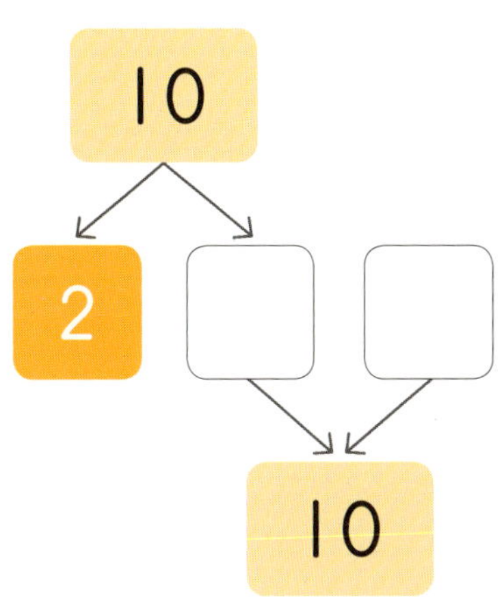

연산력 게임

QR코드를 찍으면 다양한 연산 게임을 할 수 있어요.

10을 갈라요

10을 두 수로 갈라볼까요?

빈 곳에 들어갈 수를 오른쪽에서 찾아 손가락으로 끌어서 넣으세요.
2를 넣으면 정답입니다.

도넛 10개가 되려면 몇 개의 도넛이 더 필요할까요?

도넛이 10개가 되도록 그릇의 도넛을 손가락으로 끌어서 빈 곳에 넣고 확인 버튼을 누르세요.
도넛 한 개를 넣고 확인 버튼을 누르면 정답입니다.

달콤한 도넛 만들기

10이 되는 더하기

▶ 연산 보충 학습(104~105쪽)에서 더 풀어 보세요.

학부모 지도 가이드

이번 차시에서는 가르기와 모으기 활동을 통해 배운 10의 보수에 대한 개념을 덧셈과 뺄셈에 적용시켜 식으로 나타내는 방법을 배우게 됩니다.

$6 + 4 = 10$

$10 - 4 = 6$

앞선 차시에서 배운 10을 가르고 모으는 내용을 덧셈과 뺄셈에 적용하는 과정이므로 아이들이 수식에 대한 두려움을 없앨 수 있도록 지도해 주세요.

10이 되는 식 만들기

🌳 그림을 보고 ◻ 안에 알맞은 수를 쓰세요.

그림을 보고 ☐ 안에 알맞은 수를 쓰세요.

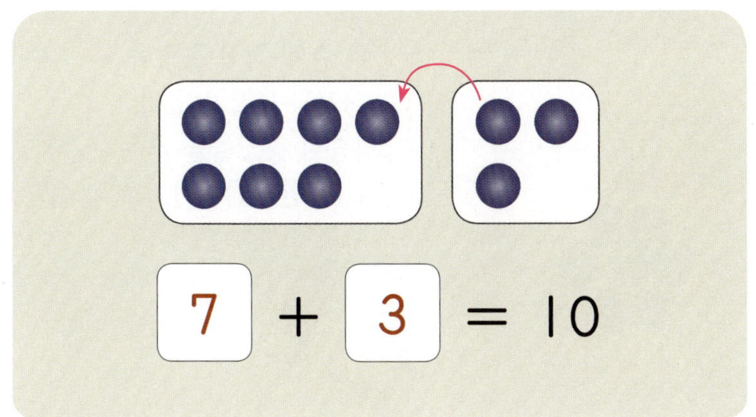

$$7 + 3 = 10$$

$$\square + \square = 10$$

$$\square + \square = 10$$

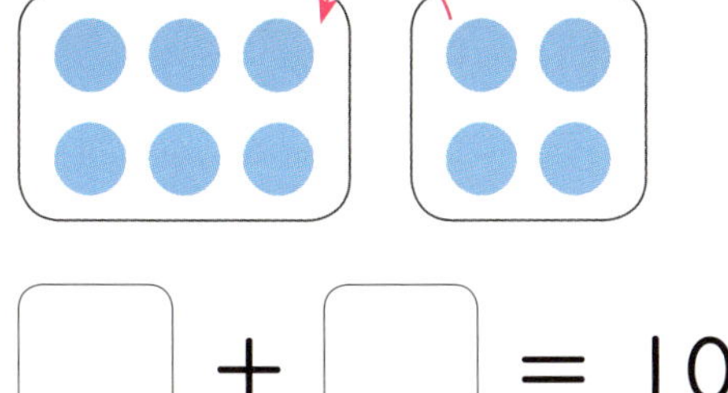

$$\square + \square = 10$$

$$\square + \square = 10$$

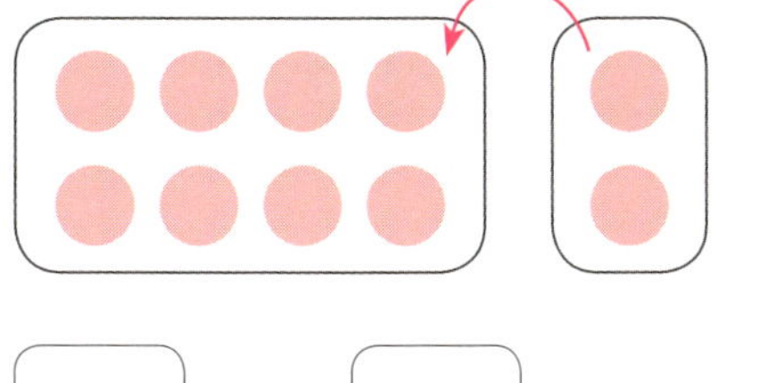

$$\square + \square = 10$$

$$\square + \square = 10$$

양손에 공깃돌이 올려져 있어요.

3 + 7 = 10

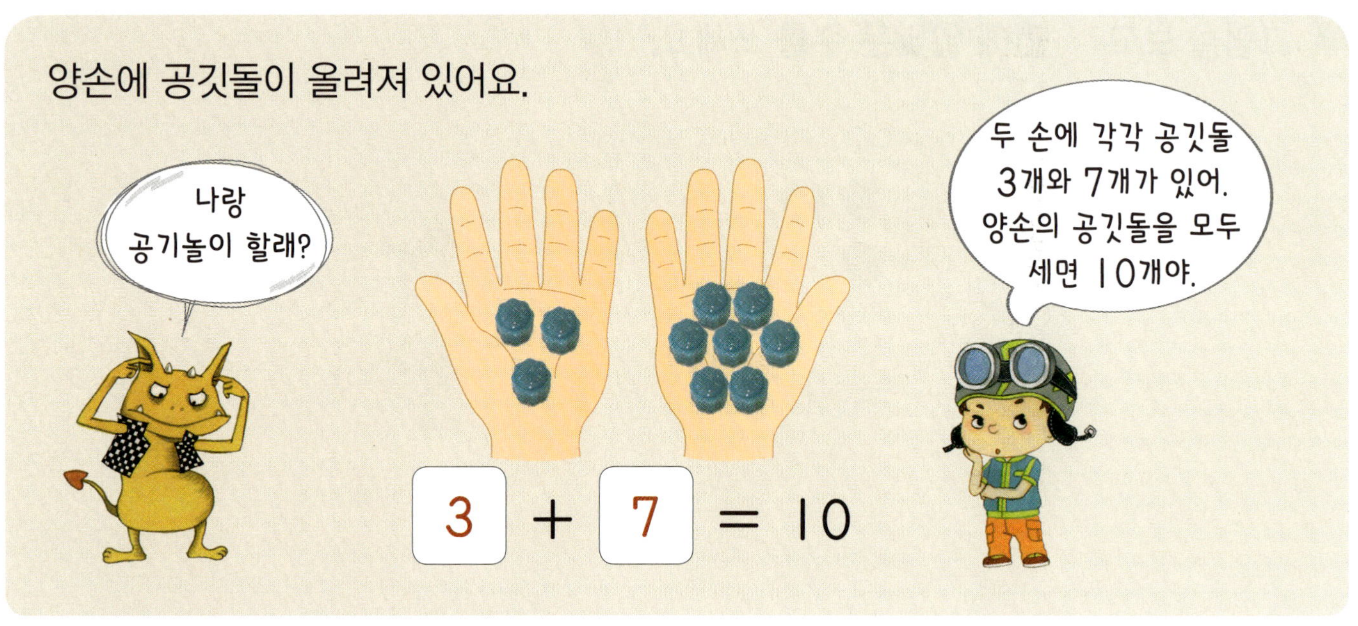

그림을 보고 □ 안에 알맞은 수를 쓰세요.

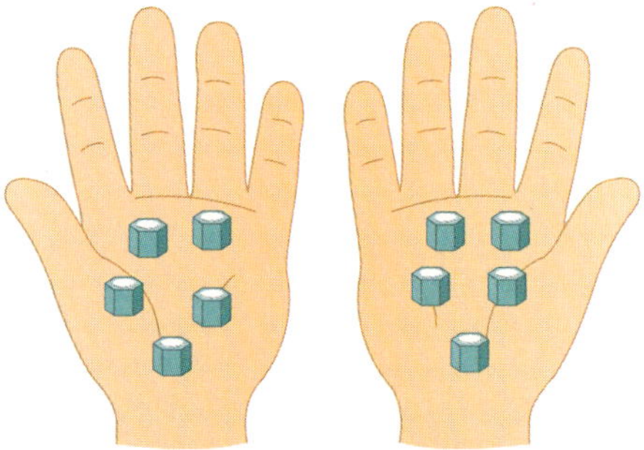

□ + □ = 10

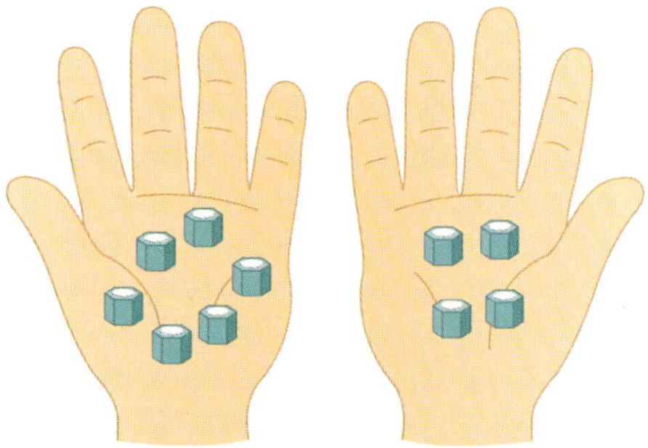

□ + □ = 10

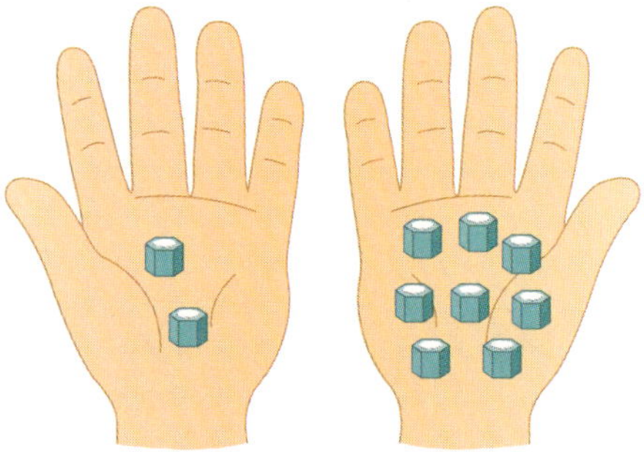

□ + □ = 10

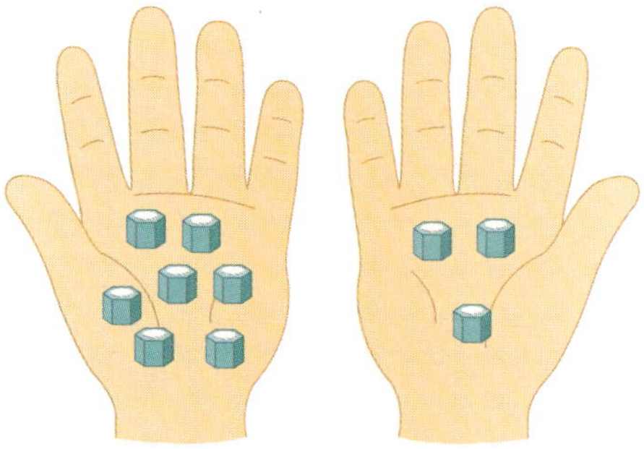

□ + □ = 10

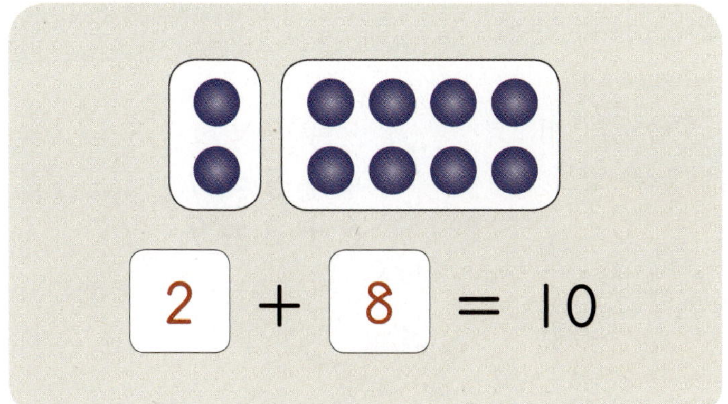

$$2 + 8 = 10$$

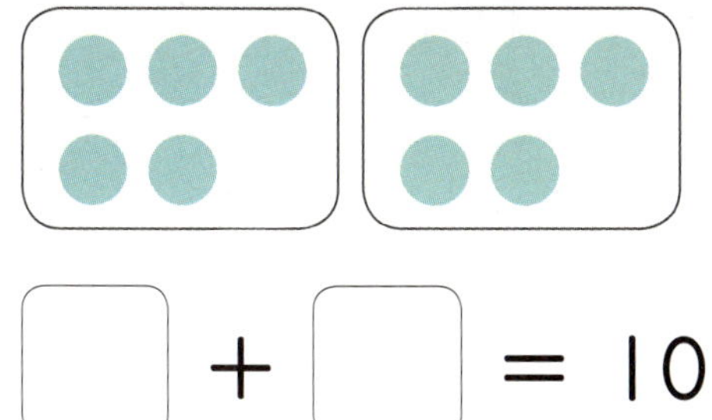

$$\boxed{} + \boxed{} = 10$$

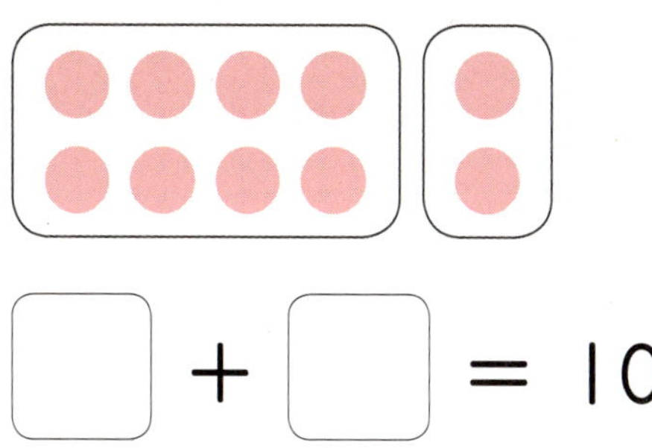

$$\boxed{} + \boxed{} = 10$$

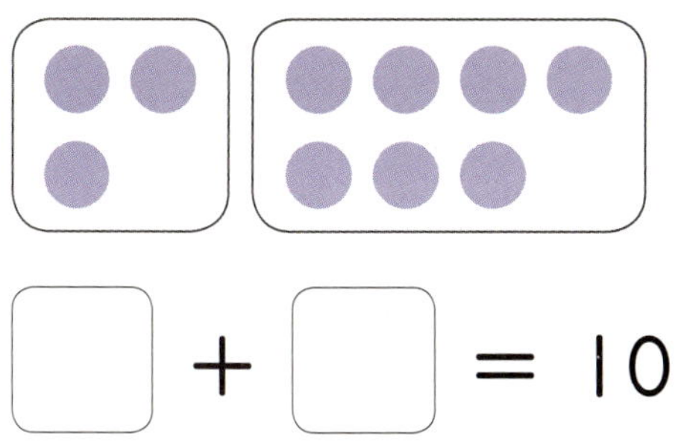

$$\boxed{} + \boxed{} = 10$$

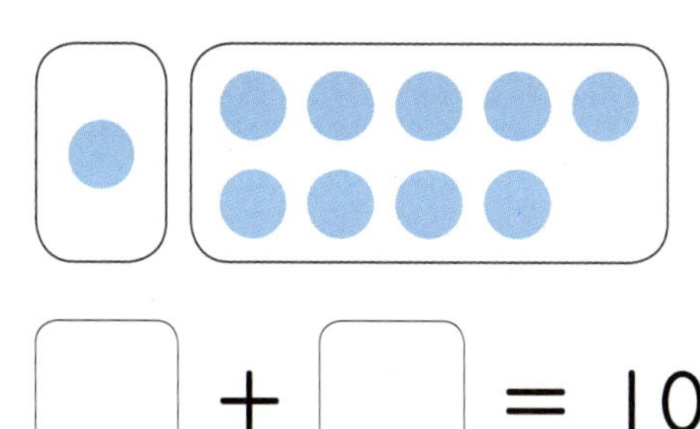

$$\boxed{} + \boxed{} = 10$$

$$\boxed{} + \boxed{} = 10$$

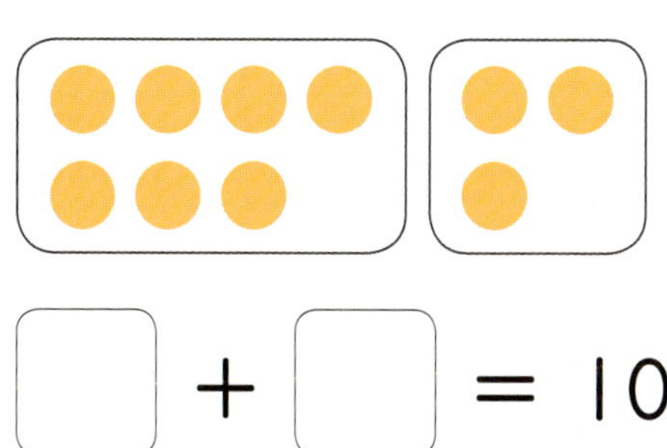

$$\boxed{} + \boxed{} = 10$$

10이 되는 더하기

🌳 계산 결과가 10인 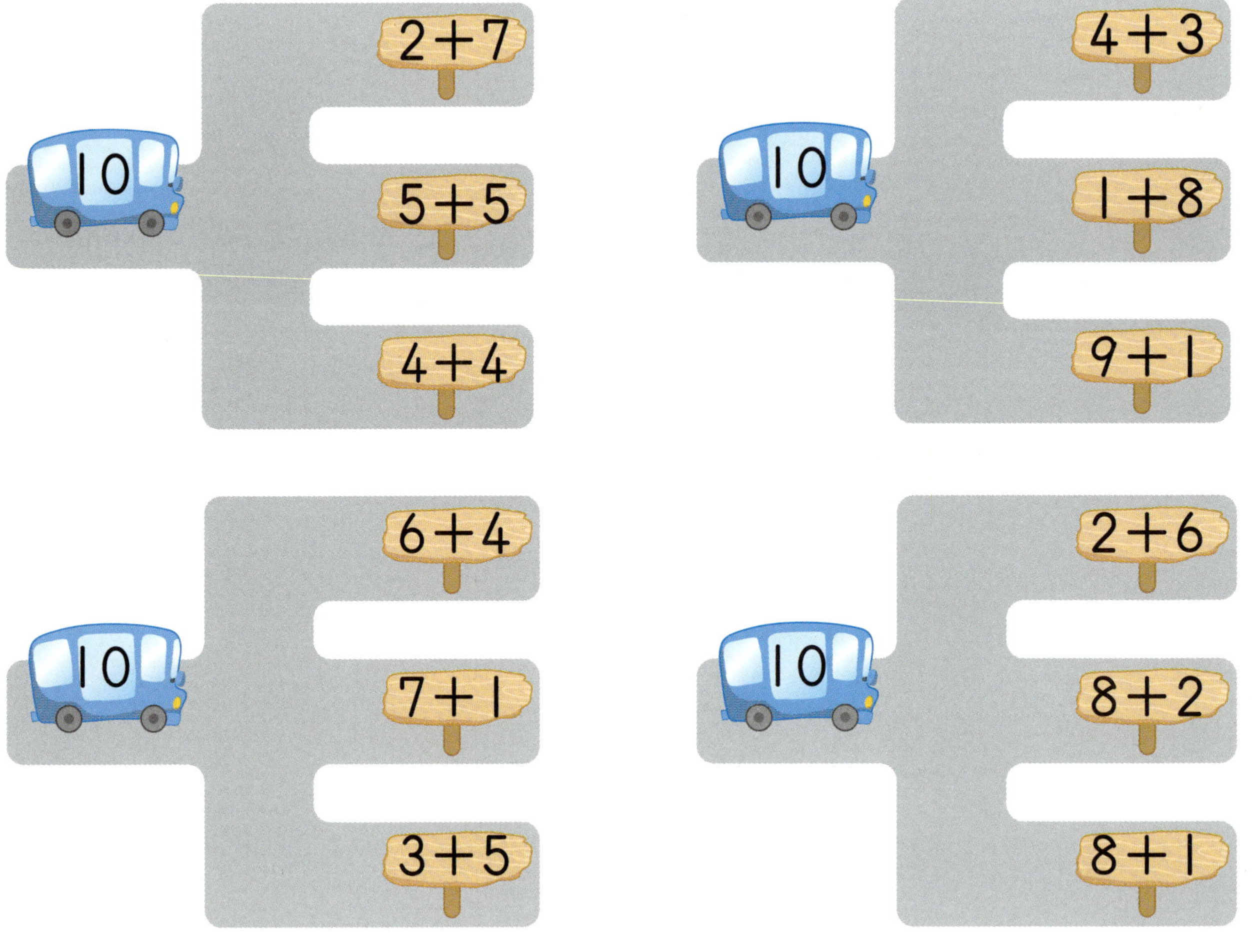을 찾아 선을 그으세요.

계산 결과가 10인 식을 찾아 선으로 이으세요.

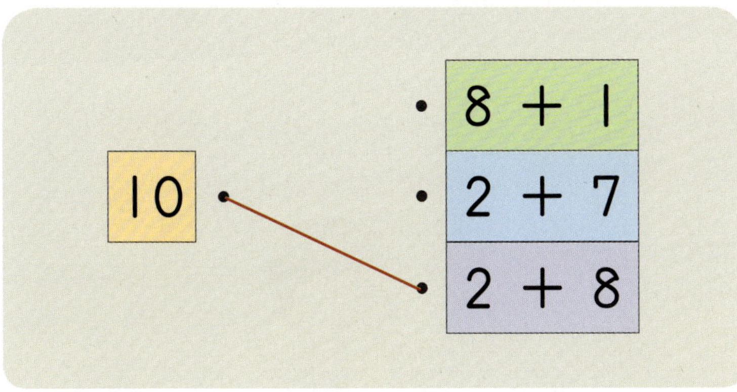

10
8 + 1
2 + 7
2 + 8

8 + 1 = 9
2 + 7 = 9
2 + 8 = 10

10
4 + 6
3 + 4
3 + 6

10
7 + 1
7 + 3
5 + 3

10
5 + 5
4 + 5
5 + 3

10
2 + 7
1 + 8
9 + 1

10
4 + 4
6 + 4
6 + 3

10
2 + 7
1 + 8
8 + 2

편지 봉투에 풍선들이 매달려 있어요.

● 계산 결과가 10이 아닌 식을 찾아 ╱로 줄을 끊으세요.

올바르지 않은 식에 ✕표 하세요.

3＋4＝10
6＋4＝10

3＋4＝7이니까
잘못된 식이야.

1＋9＝10
8＋1＝10
6＋3＝10
5＋5＝10
5＋4＝10
4＋6＝10
8＋2＝10
5＋2＝10
7＋1＝10
3＋7＝10
9＋1＝10
4＋5＝10

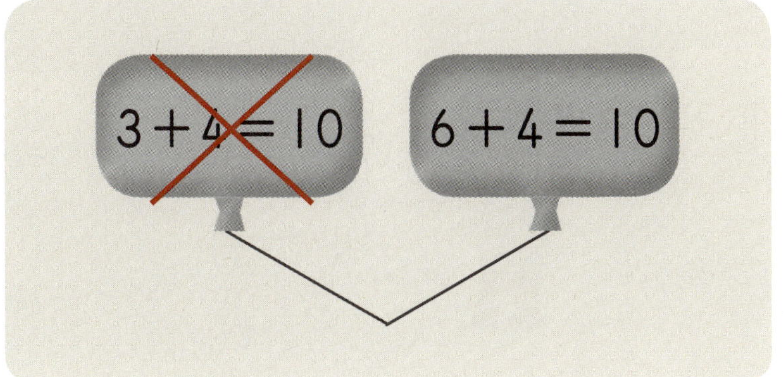

공부한 날

월

일

☐가 있는 더하기

구슬들이 실에 꿰어 있어요.

7 + 3 = 10

🌳 구슬이 10개가 되도록 빈칸에 ◯를 그리고 ☐ 안에 알맞은 수를 쓰세요.

5 + ☐ = 10

8 + ☐ = 10

9 + ☐ = 10

6 + ☐ = 10

3 + ☐ = 10

2 + ☐ = 10

● ▢ 안에 알맞은 수를 쓰세요.

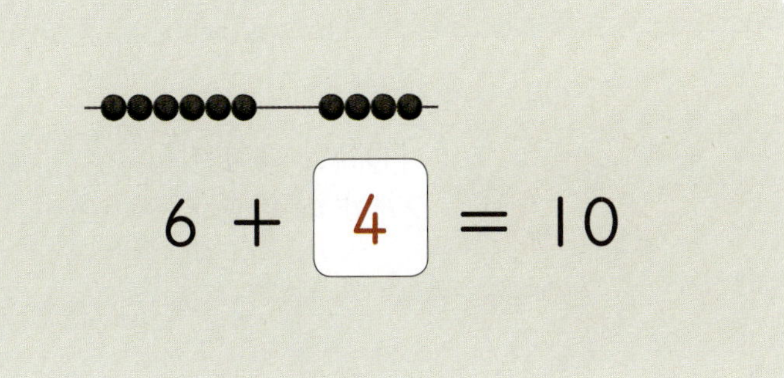

$$6 + \boxed{4} = 10$$

$$1 + \boxed{} = 10 \qquad 4 + \boxed{} = 10$$

$$7 + \boxed{} = 10 \qquad 2 + \boxed{} = 10$$

$$5 + \boxed{} = 10 \qquad 9 + \boxed{} = 10$$

$$3 + \boxed{} = 10 \qquad 8 + \boxed{} = 10$$

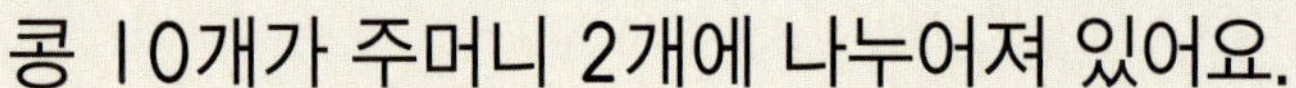
콩 10개가 주머니 2개에 나누어져 있어요.

2 + 8 = 10

🌳 콩이 모두 10개가 되도록 빈 주머니에 ◯를 그리고 ☐ 안에 알맞은 수를 쓰세요.

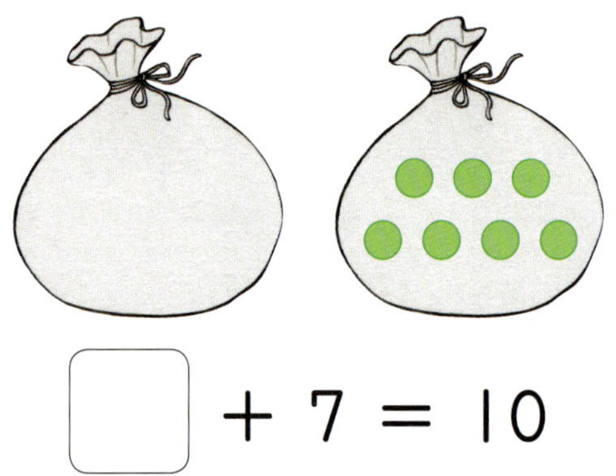

☐ + 7 = 10

☐ + 9 = 10

☐ + 5 = 10

☐ + 6 = 10

$$9 + 1 = 10$$

$$\boxed{} + 6 = 10$$

$$\boxed{} + 8 = 10$$

공부한 날

월

일

$$\boxed{} + 2 = 10$$

$$\boxed{} + 7 = 10$$

$$\boxed{} + 5 = 10$$

$$\boxed{} + 3 = 10$$

$$\boxed{} + 4 = 10$$

$$\boxed{} + 9 = 10$$

10에서 빼기

🌱 그림을 보고 ⬜ 안에 알맞은 수를 쓰세요.

$$10 - 5 = \boxed{}$$

$$10 - 7 = \boxed{}$$

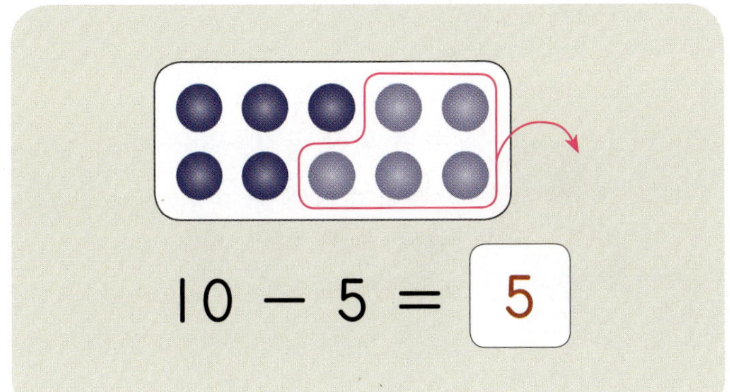

$10 - 5 = \boxed{5}$

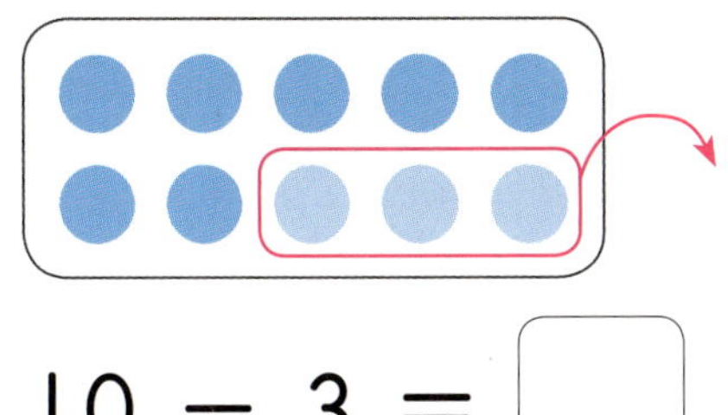

$10 - 3 = \boxed{}$

$10 - 6 = \boxed{}$

$10 - 2 = \boxed{}$

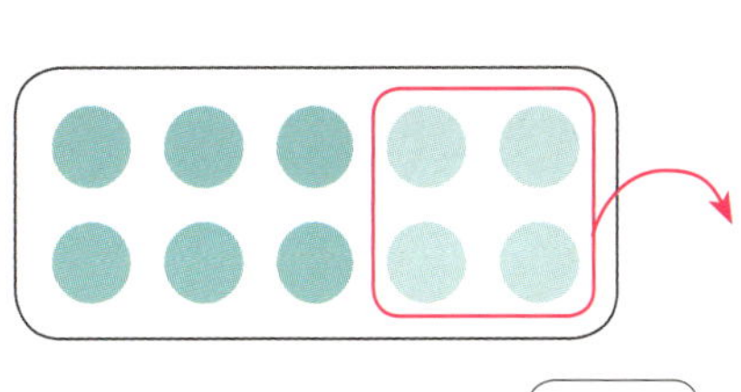

$10 - 4 = \boxed{}$

$10 - 9 = \boxed{}$

$10 - 8 = \boxed{}$

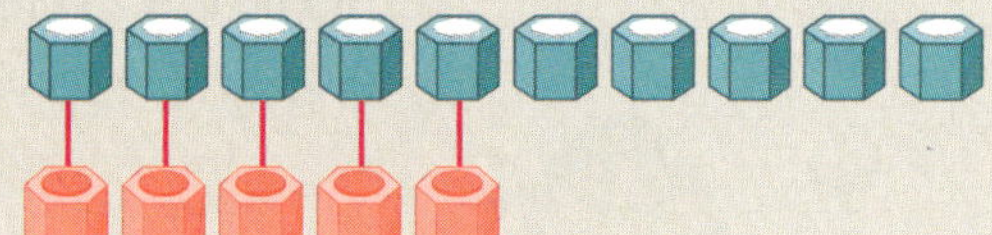

$$10 - 5 = \boxed{5}$$

🌳 그림을 보고 뺄셈을 하세요.

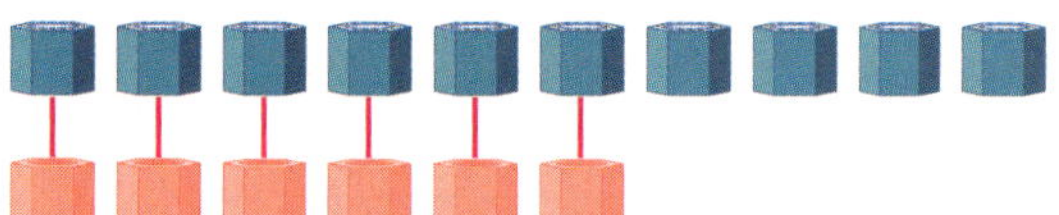

$$10 - 6 = \boxed{}$$

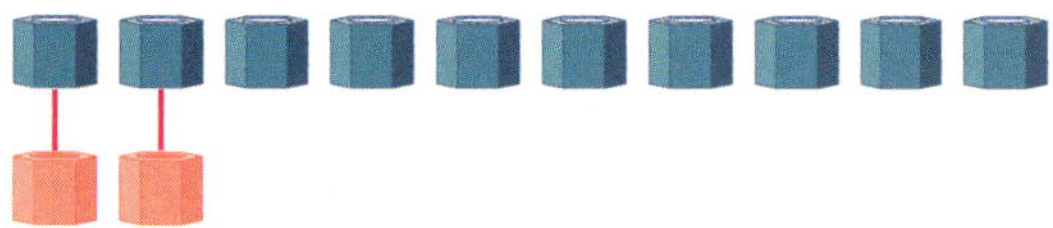

$$10 - 2 = \boxed{}$$

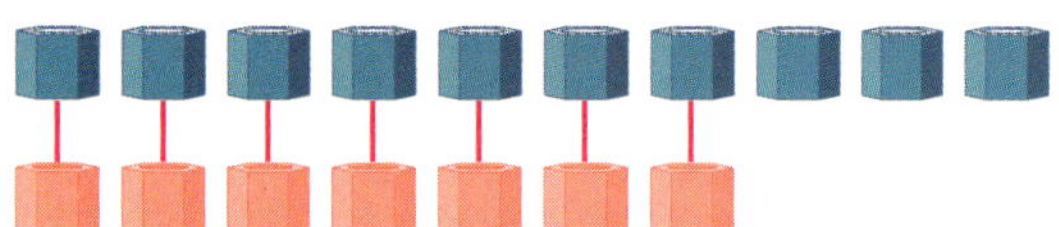

$$10 - 7 = \boxed{}$$

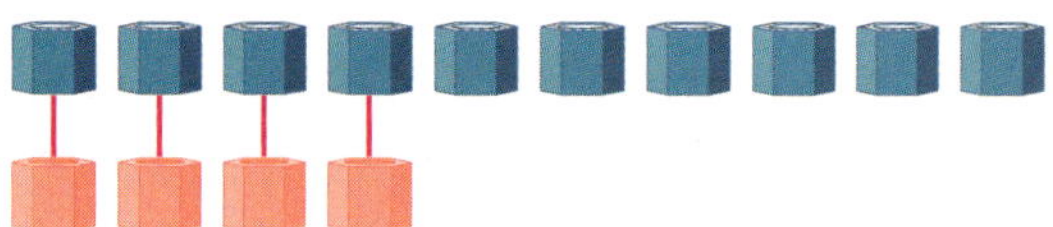

$$10 - 4 = \boxed{}$$

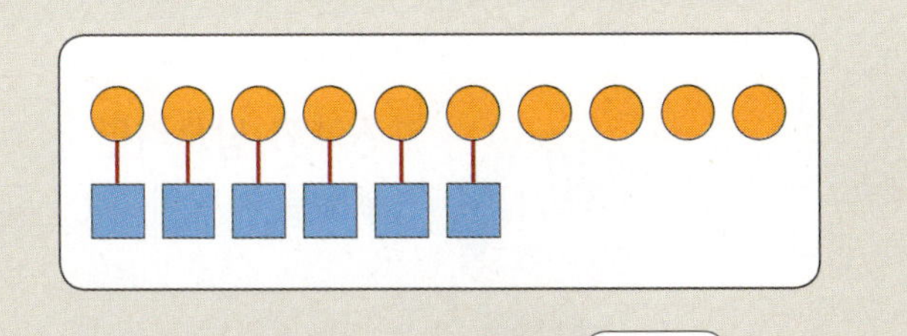

10 − 6 = 4

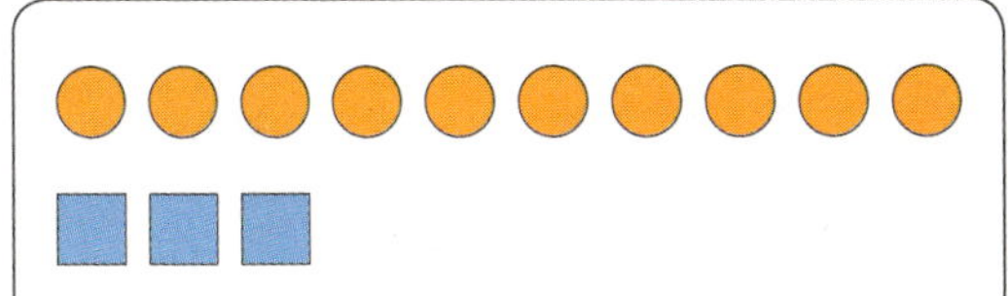

10 − 3 =

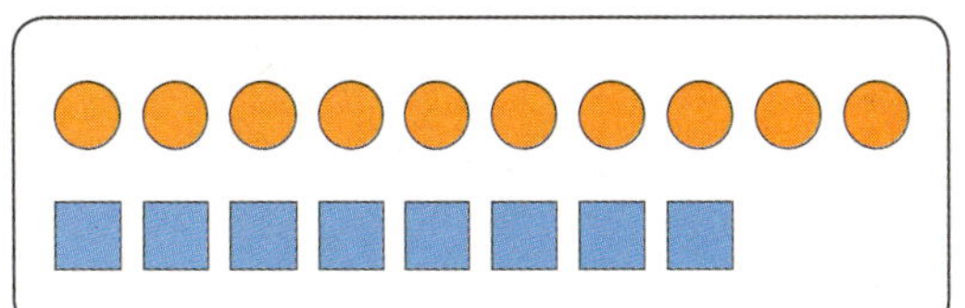

10 − 8 =

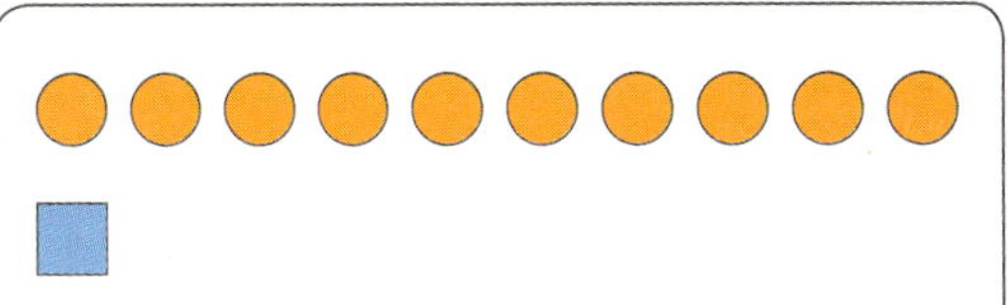

10 − 1 =

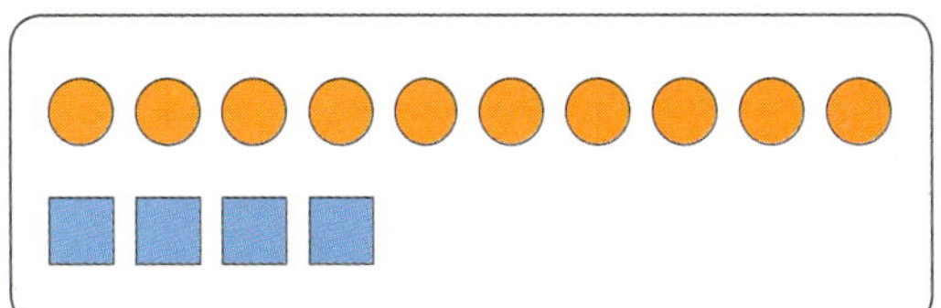

10 − 4 =

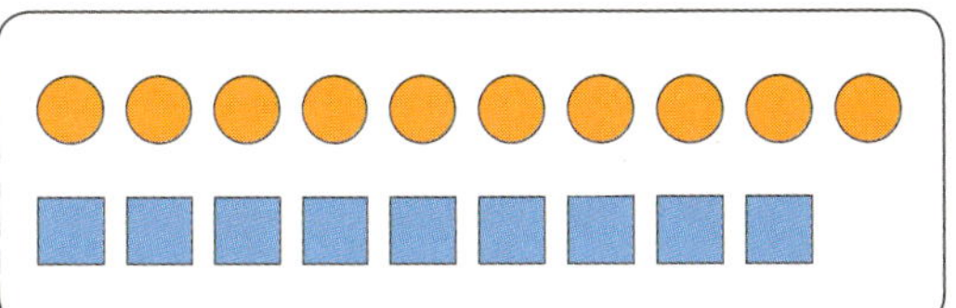

10 − 9 =

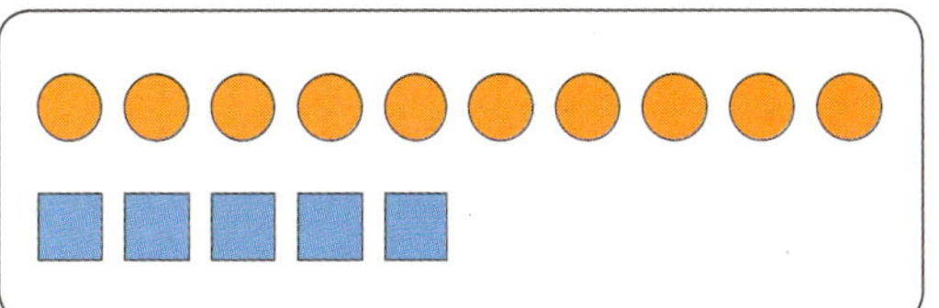

10 − 5 =

□가 있는 빼기

태경이는 주머니에 써 있는 수만큼 남도록 구슬을 지우고 있어요.

$$10 - \boxed{4} = 6$$

🌳 주머니에 적힌 수만큼 구슬이 남도록 ╱로 지우고 ☐ 안에 알맞은 수를 쓰세요.

$$10 - \boxed{} = 5$$

$$10 - \boxed{} = 7$$

$$10 - \boxed{} = 4$$

$$10 - \boxed{} = 8$$

$$10 - \boxed{} = 9$$

$$10 - \boxed{} = 3$$

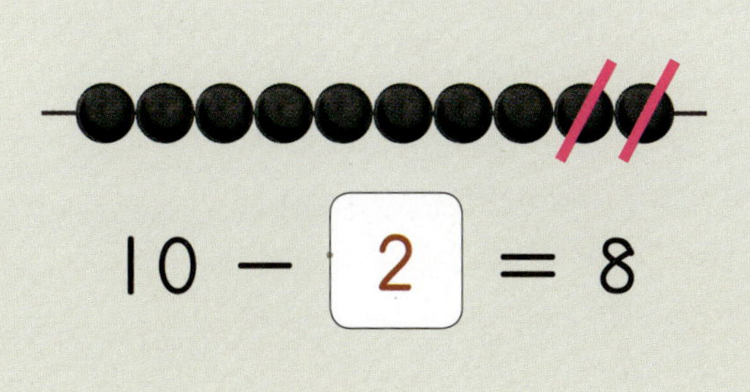

$$10 - \boxed{2} = 8$$

$$10 - \boxed{} = 7 \qquad 10 - \boxed{} = 3$$

$$10 - \boxed{} = 1 \qquad 10 - \boxed{} = 9$$

$$10 - \boxed{} = 6 \qquad 10 - \boxed{} = 2$$

$$10 - \boxed{} = 4 \qquad 10 - \boxed{} = 5$$

5가 되려면
10에서 5를
빼야 해.

10 − 5 = 5
10 − ☐ = 4
10 − ☐ = 1
10 − ☐ = 8

5
6
9
2

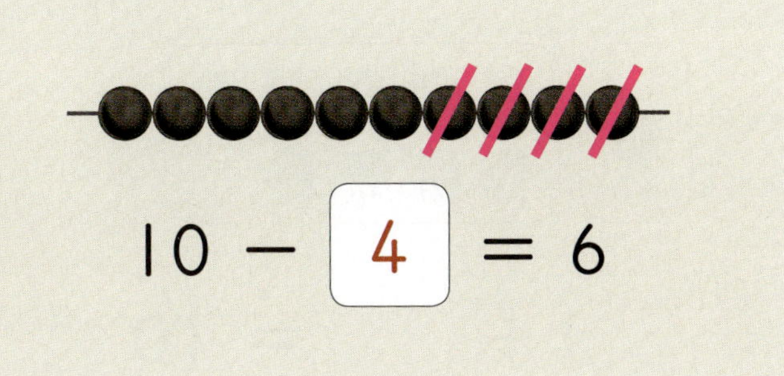

$$10 - \boxed{4} = 6$$

$$10 - \boxed{} = 2$$

$$10 - \boxed{} = 5$$

$$10 - \boxed{} = 6$$

$$10 - \boxed{} = 4$$

$$10 - \boxed{} = 8$$

$$10 - \boxed{} = 1$$

$$10 - \boxed{} = 3$$

$$10 - \boxed{} = 7$$

무엇을 배웠을까요

🌲 그림을 보고 ◻ 안에 알맞은 수를 쓰세요.

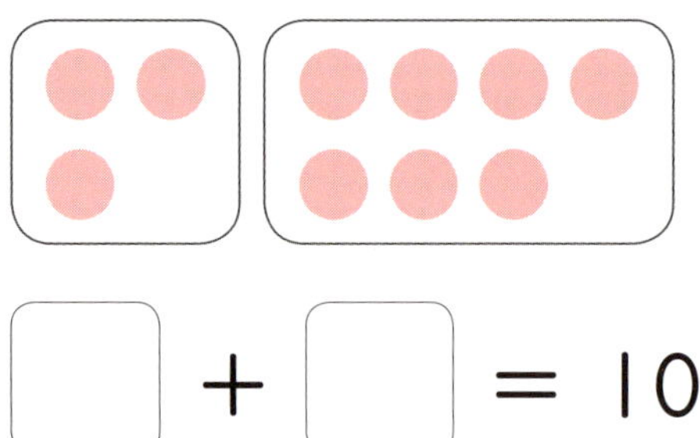

◻ + ◻ = 10

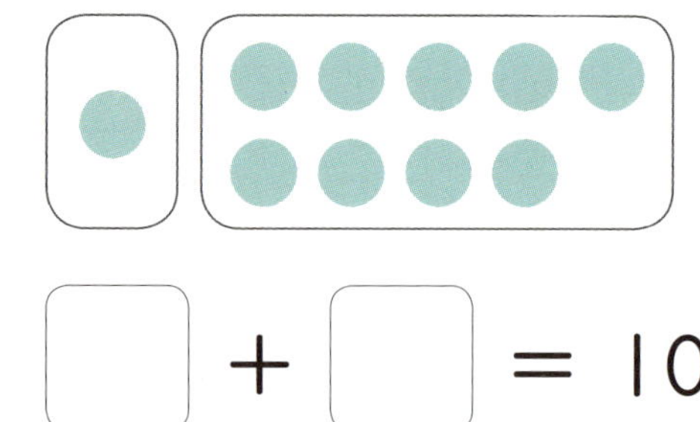

◻ + ◻ = 10

🌲 계산 결과가 10인 🪧 을 찾아 선을 그으세요.

🌲 올바르지 않은 식에 ✖표 하세요.

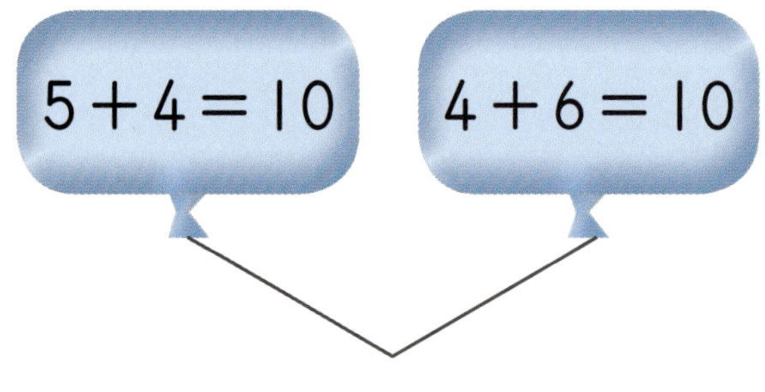

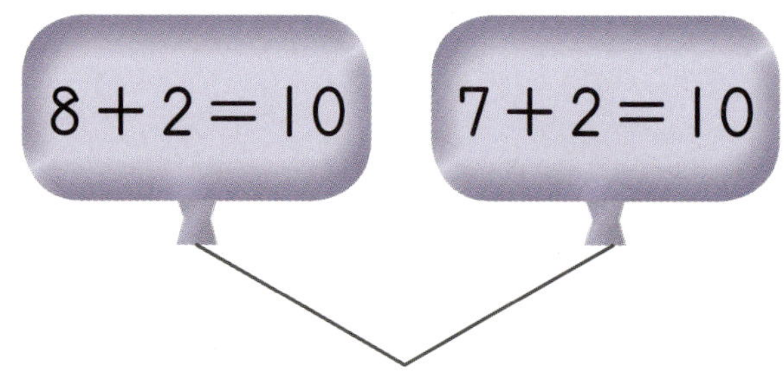

🌲 ⬜ 안에 알맞은 수를 쓰세요.

$$7 + \boxed{} = 10 \qquad 2 + \boxed{} = 10$$

$$6 + \boxed{} = 10 \qquad 9 + \boxed{} = 10$$

🌲 ⬜ 안에 알맞은 수를 쓰세요.

$$10 - \boxed{} = 3 \qquad 10 - \boxed{} = 8$$

$$10 - \boxed{} = 4 \qquad 10 - \boxed{} = 5$$

🌲 주머니에 적힌 수만큼 구슬이 남도록 ╱로 지우고 ⬜ 안에 알맞은 수를 쓰세요.

$$10 - \boxed{} = 4 \qquad 10 - \boxed{} = 8$$

연산력 게임

QR코드를 찍으면 다양한 연산 게임을 할 수 있어요.

토끼의 식사 시간

토끼가 들고 있는 당근은 어떤 것일까요?

뺄셈을 하여 아래쪽에서 알맞은 당근을 찾아 손가락으로 끌어서 빈 곳에 넣으세요.
8이 써 있는 당근을 넣으면 정답입니다.

과녁을 빗나간 화살은 몇 개일까요?

시작 버튼을 누르면 ◯가 있는 뺄셈식이 나와요. ◯ 안에 알맞은 수를 찾아 손가락으로 끌어서 빈 곳에 넣으세요.
6을 넣으면 정답입니다.

재미있는 활 쏘기

▶ 연산 보충 학습(106~107쪽)에서 더 풀어 보세요.

학부모 지도 가이드

이번 차시에서는 두 수가 아닌 세 수로 10을 가르거나 모으는 내용을 배우게 됩니다.

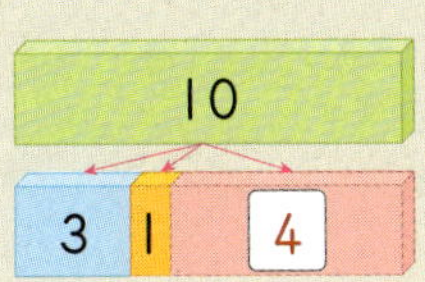

앞서 배운 내용보다 한 단계 과정을 더 거치기 때문에 아이들이 어려워할 수 있으니 시간이 걸리더라도 차근차근 해결해 나갈 수 있도록 지도해 주세요.

171 세 수 가르기

△ 모양 땅에서 10을 세 수로 갈랐어요.

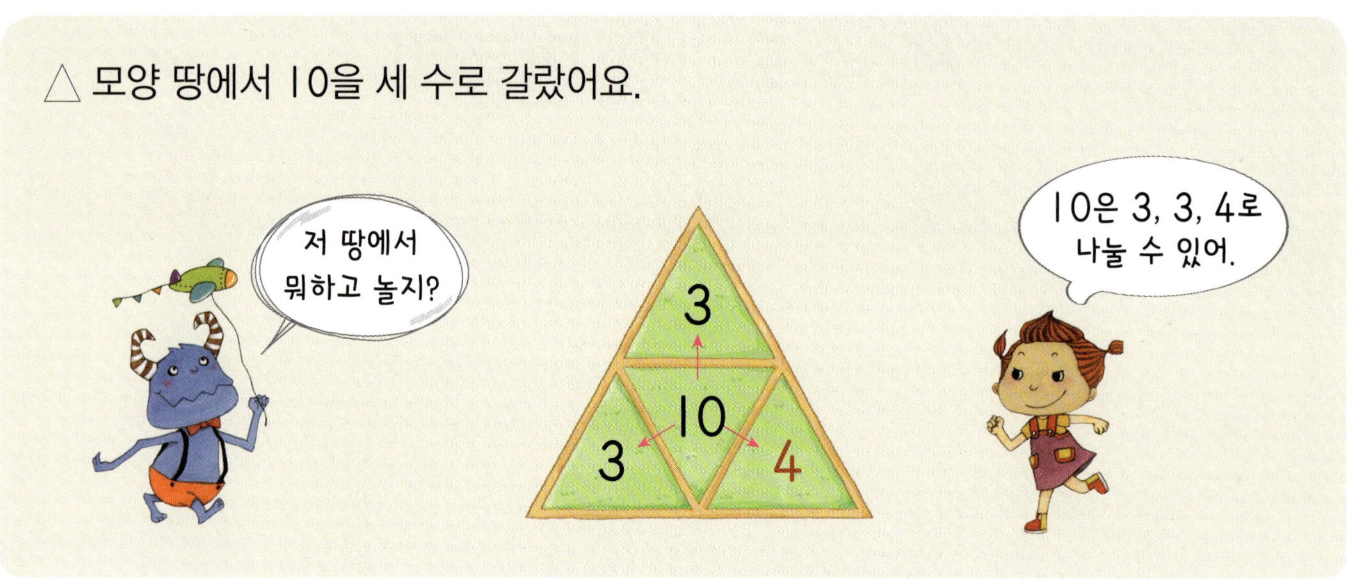

10을 세 수로 갈라요. 빈 곳에 알맞은 수를 쓰세요.

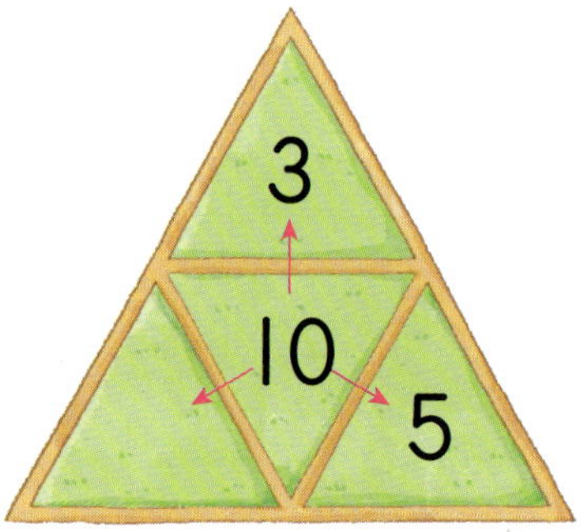

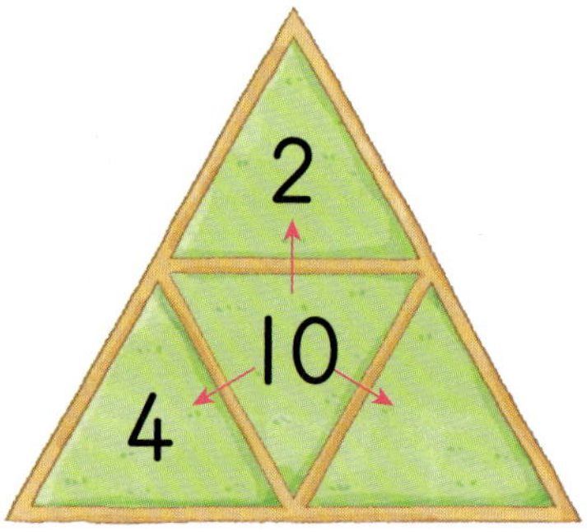

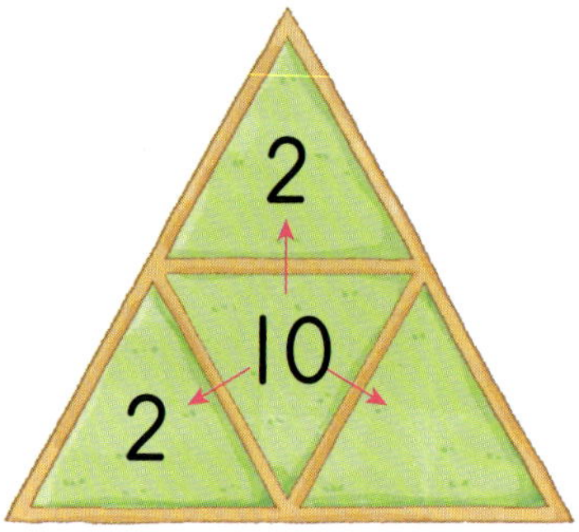

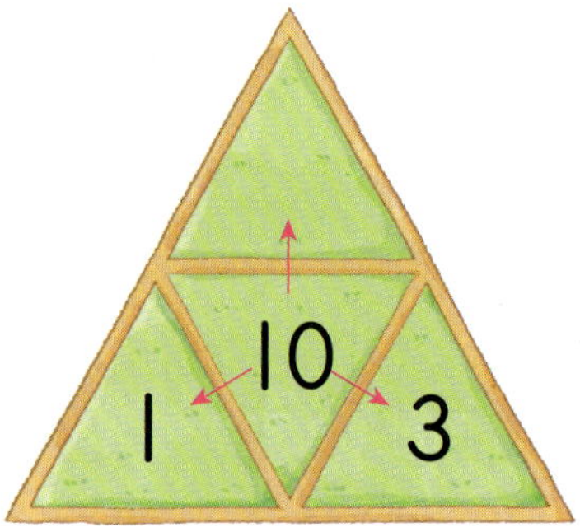

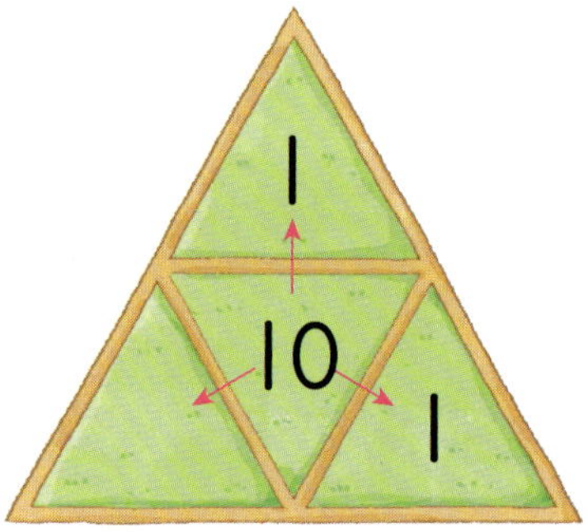

빈 곳에 알맞게 ◯를 그리고 ☐ 안에 알맞은 수를 쓰세요.

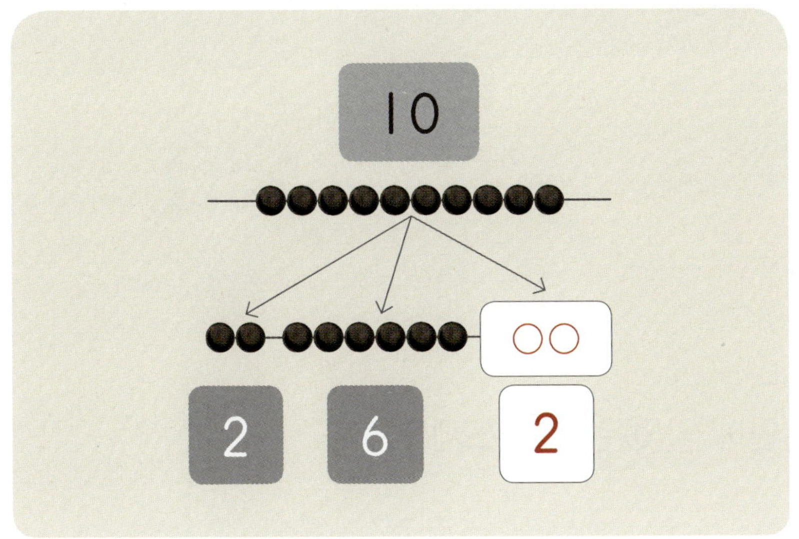

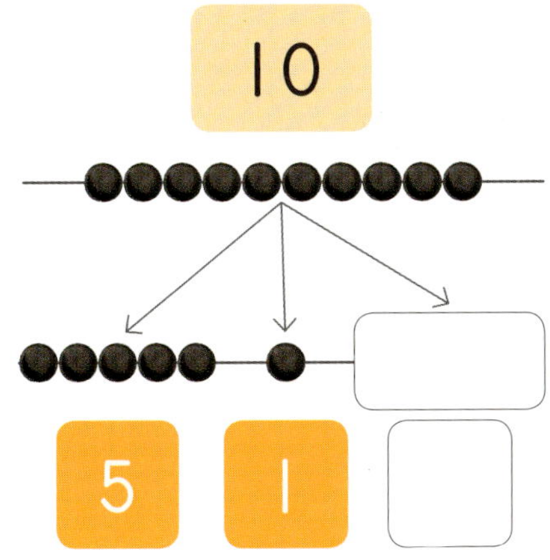

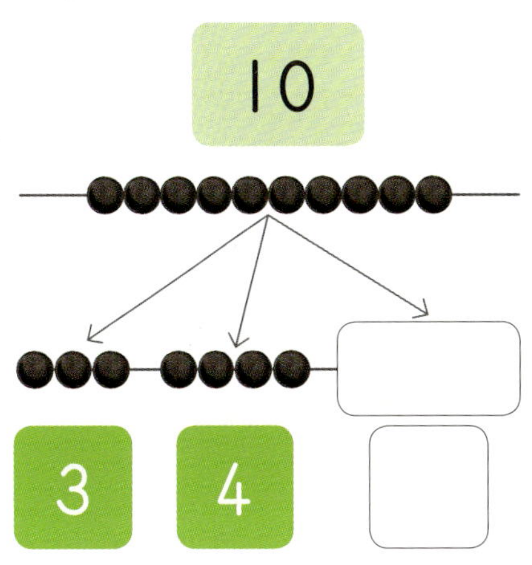

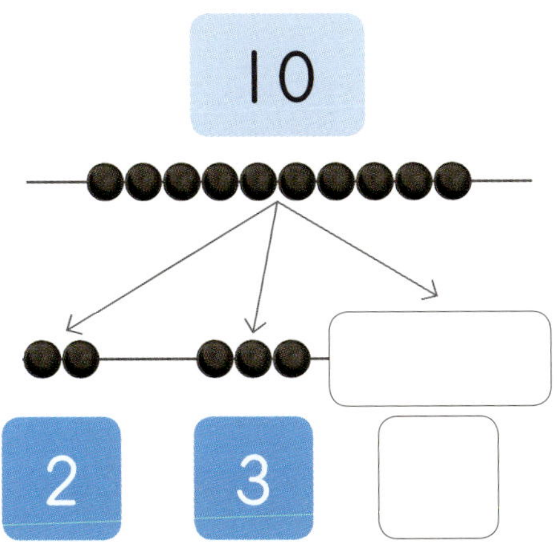

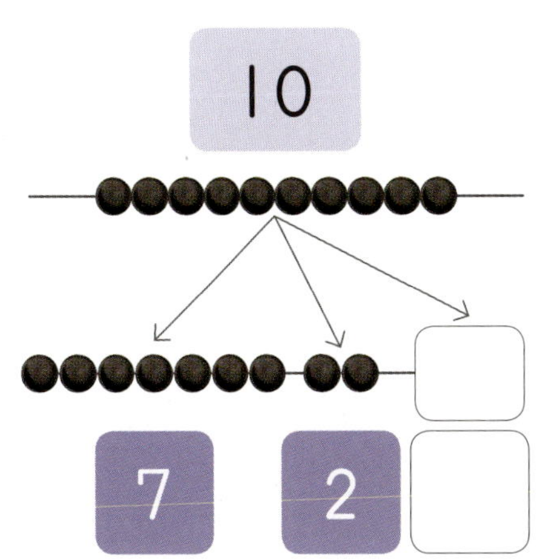

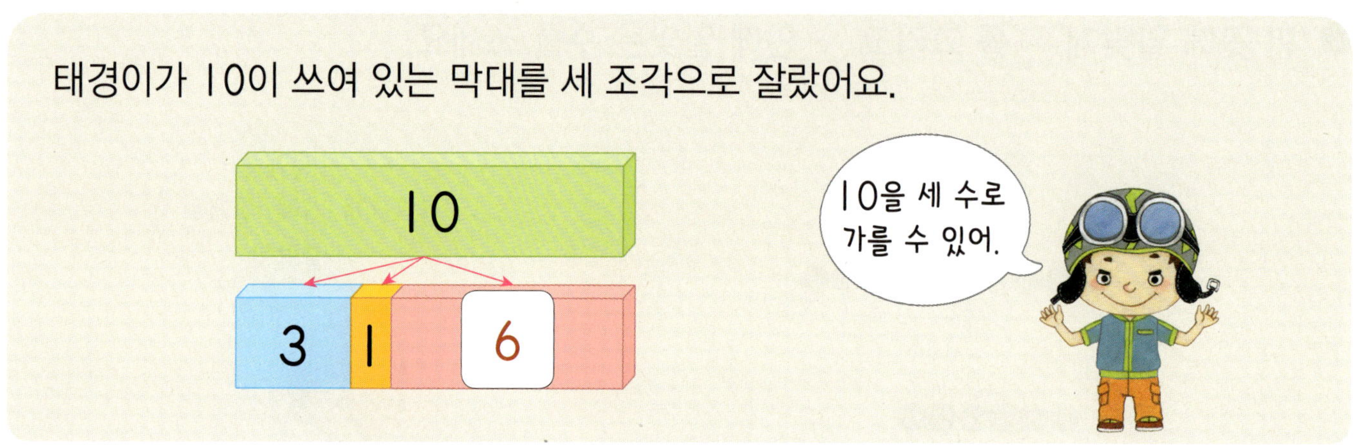

🌳 막대를 세 조각으로 잘랐어요. ☐ 안에 알맞은 수를 쓰세요.

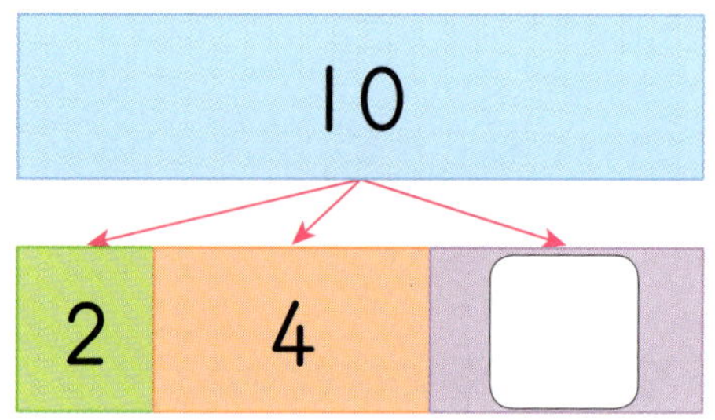

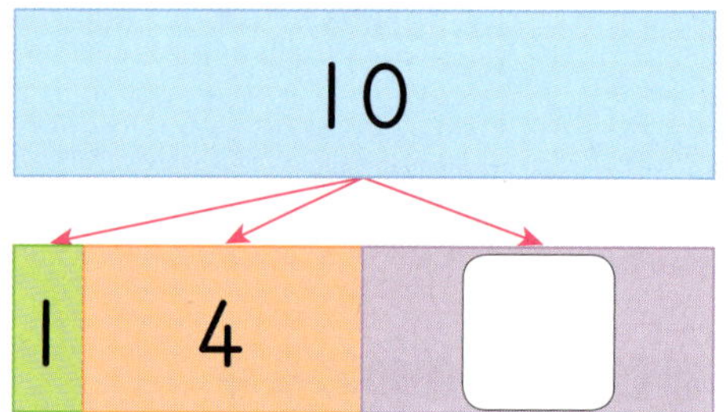

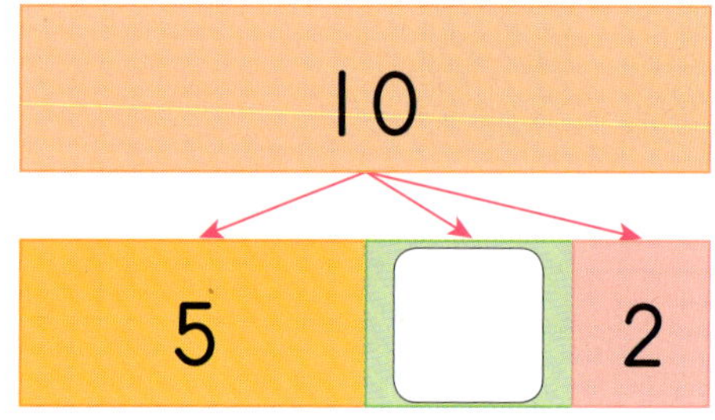

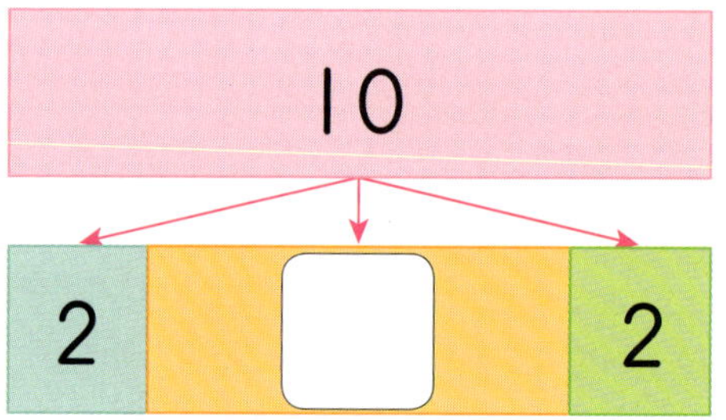

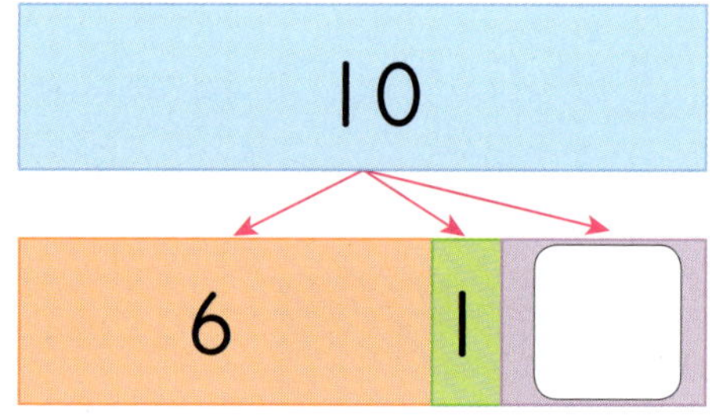

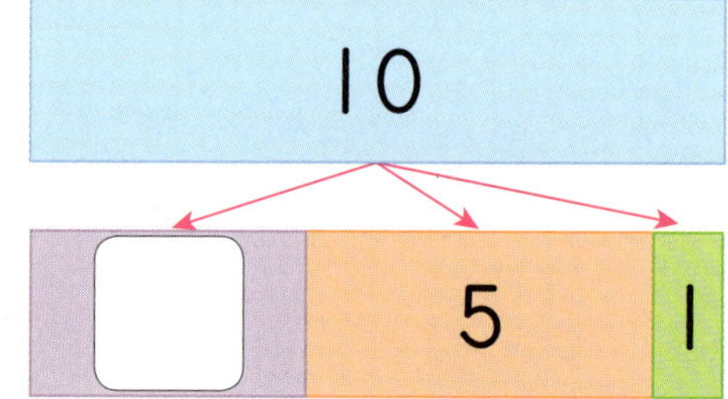

🌳 ☐ 안에 알맞은 수를 쓰세요.

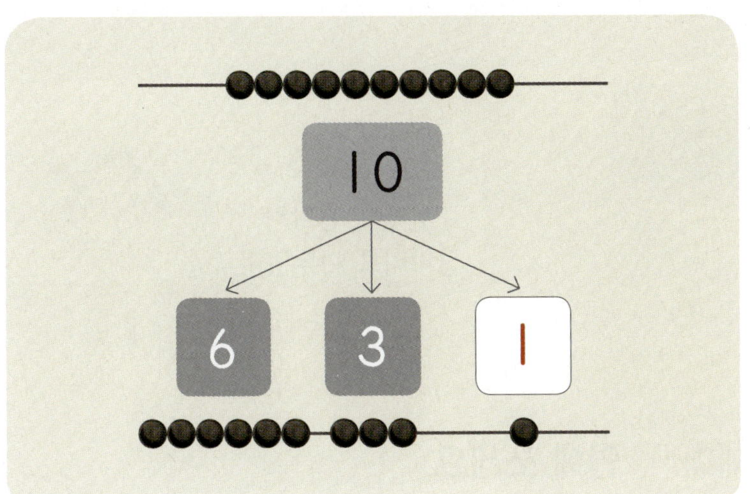

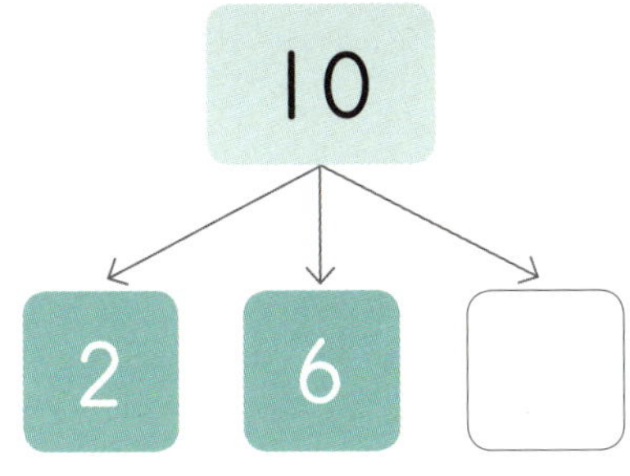

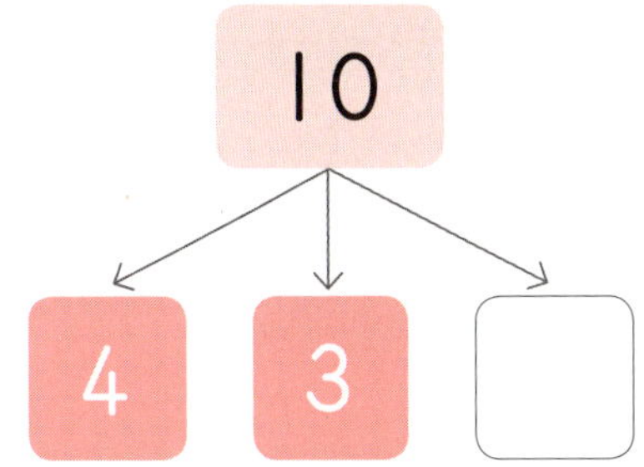

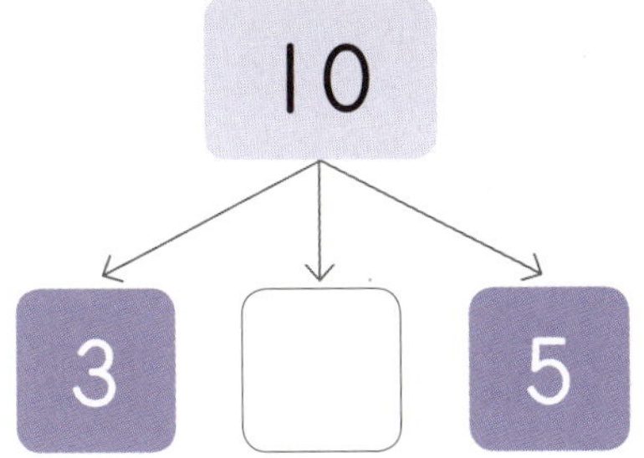

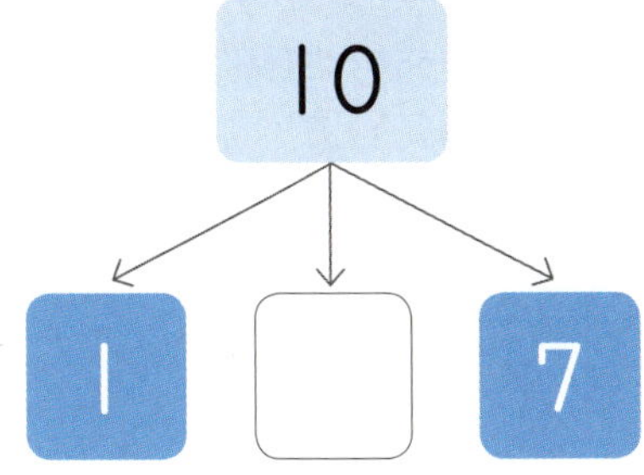

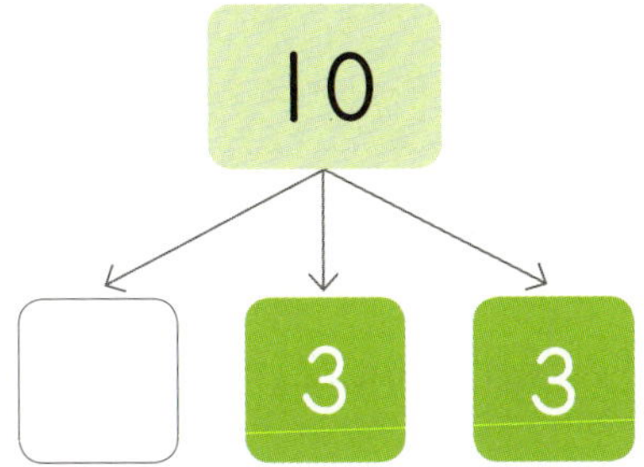

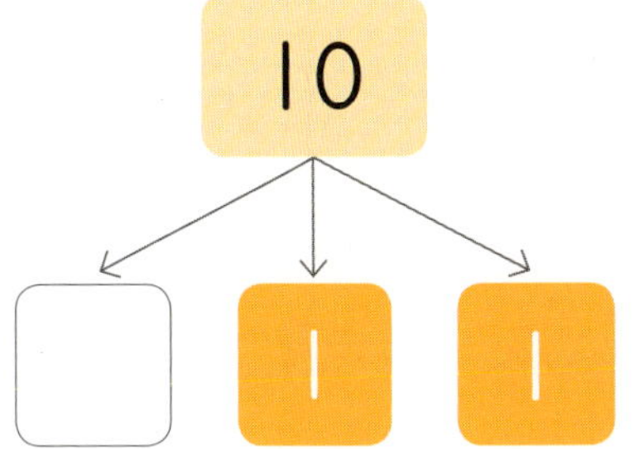

172 영역 나누기

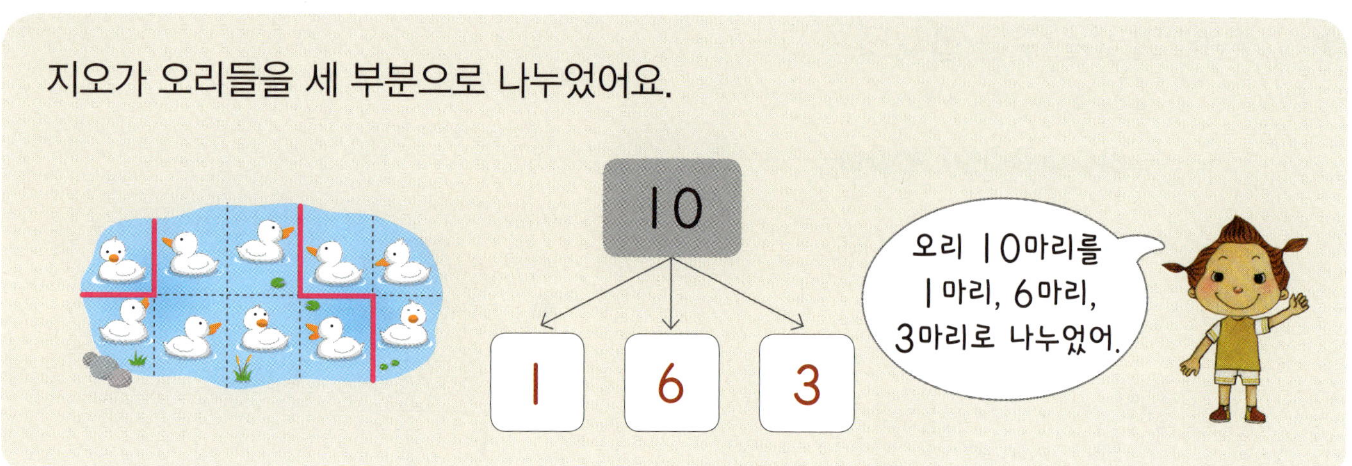

🌳 세 부분으로 나누어진 오리를 각각 세어 ☐ 안에 쓰세요.

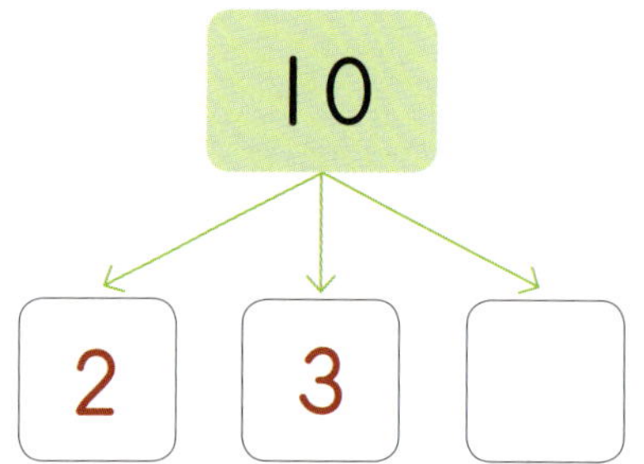

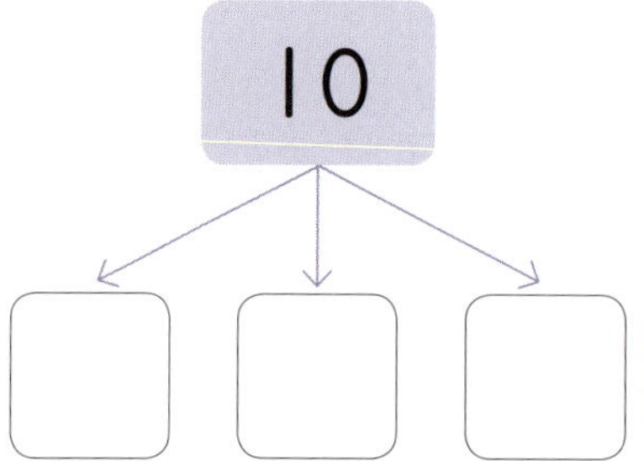

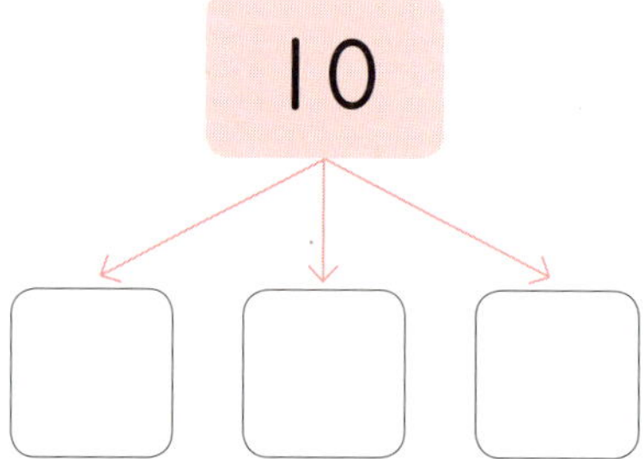

그림을 보고 ⬜ 안에 알맞은 수를 쓰세요.

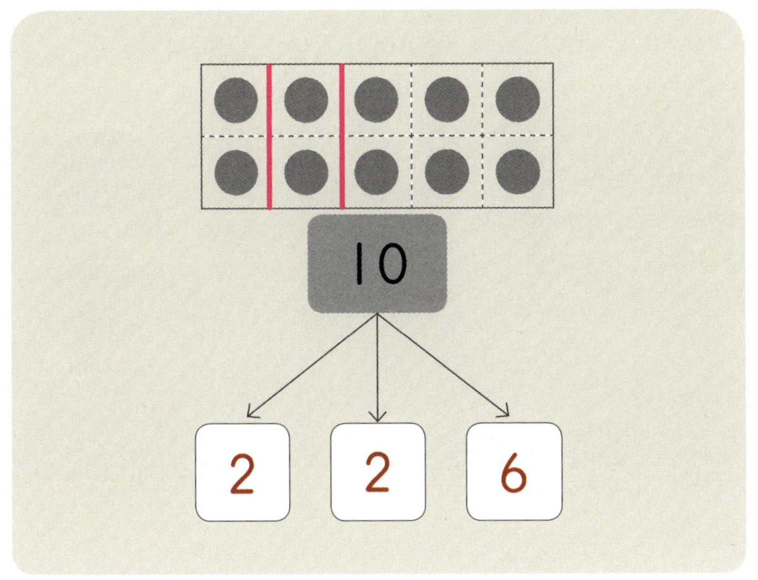

나누어진 각 부분의
●를 세어 ⬜ 안에
썼어.

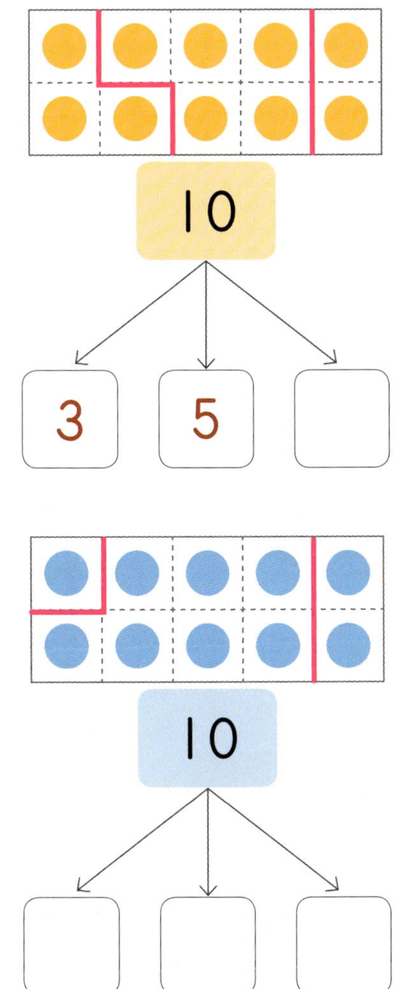

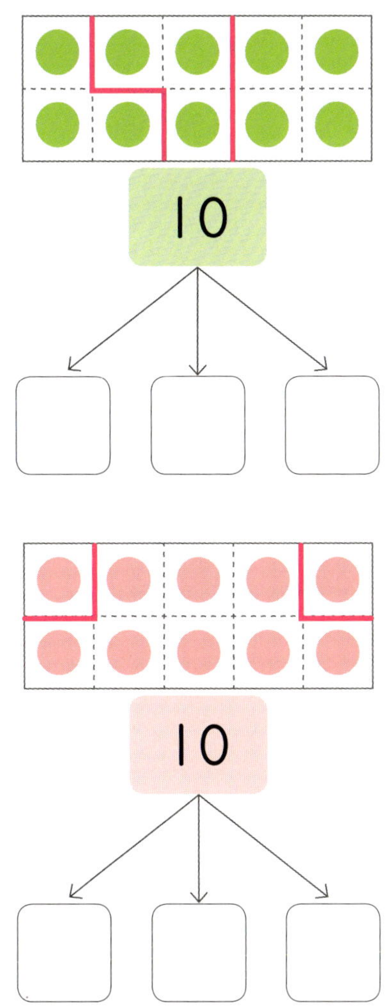

병아리들을 세 부분으로 나누었어요.

🌳 다음 수만큼 병아리가 세 부분으로 나누어지도록 점선을 따라 나머지 선을 그으세요.

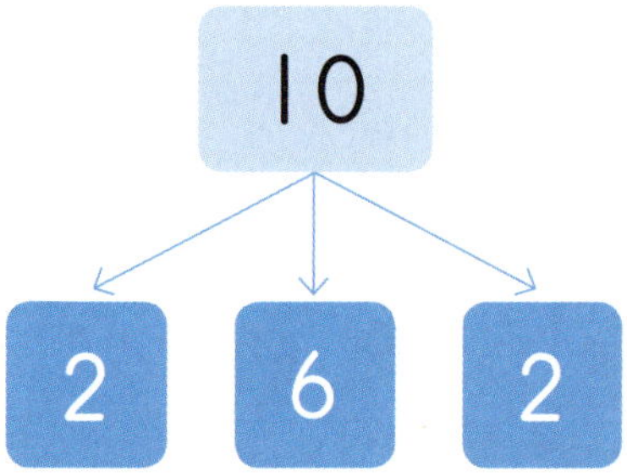

10

2 6 2

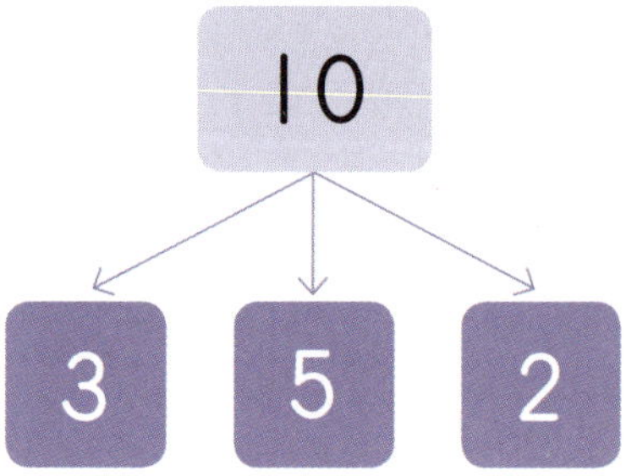

10

3 5 2

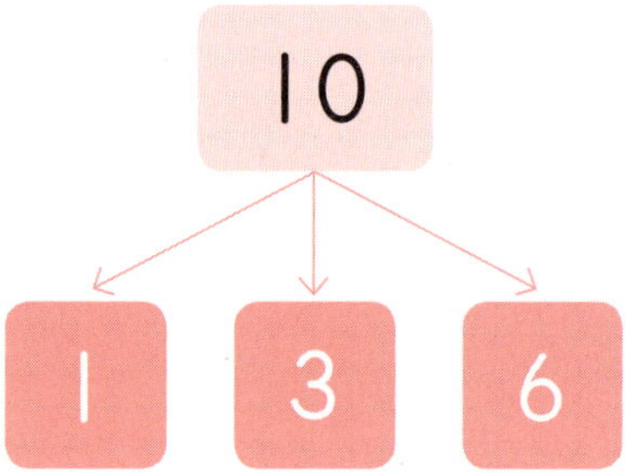

10

1 3 6

🌳 주어진 수만큼 🟣가 세 부분으로 나누어지도록 점선을 따라 나머지 선을 그으세요.

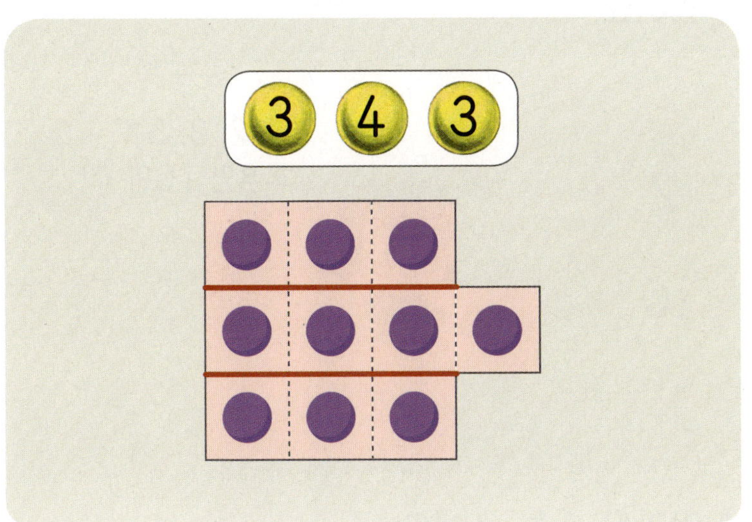

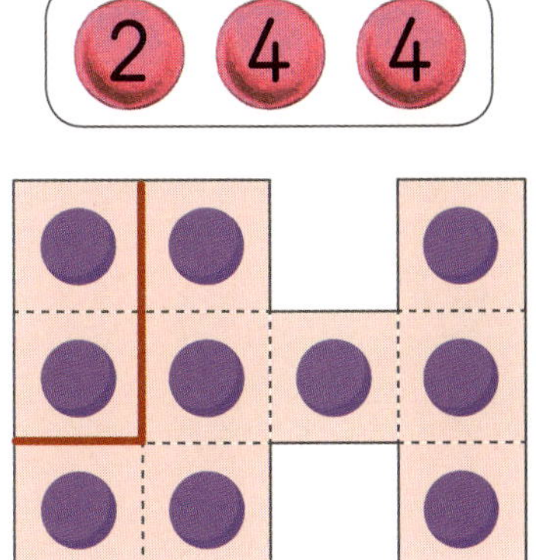

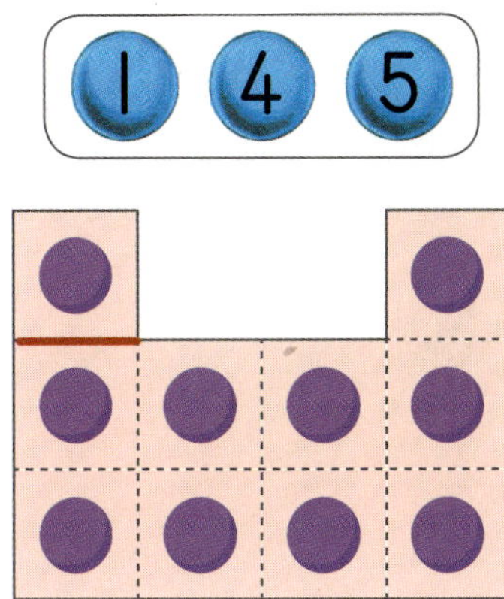

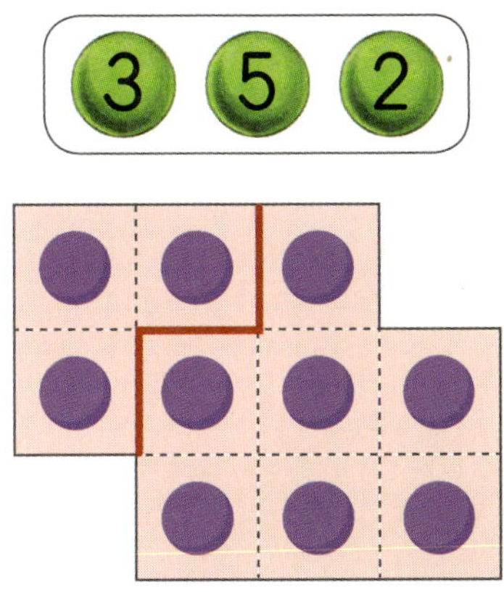

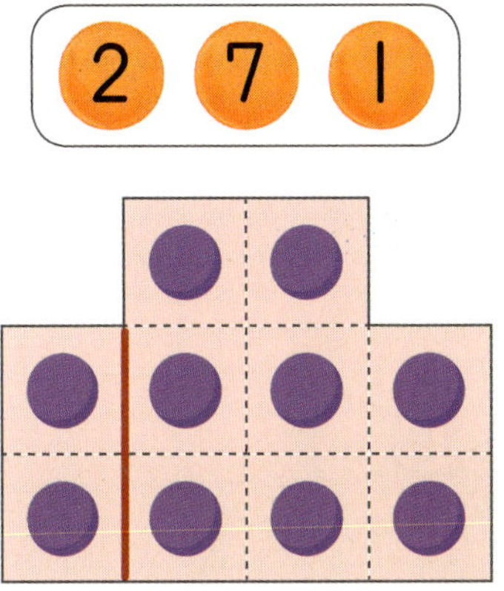

173 세 수 모으기

△ 모양 땅에서 세 수를 모아 10을 만들었어요.

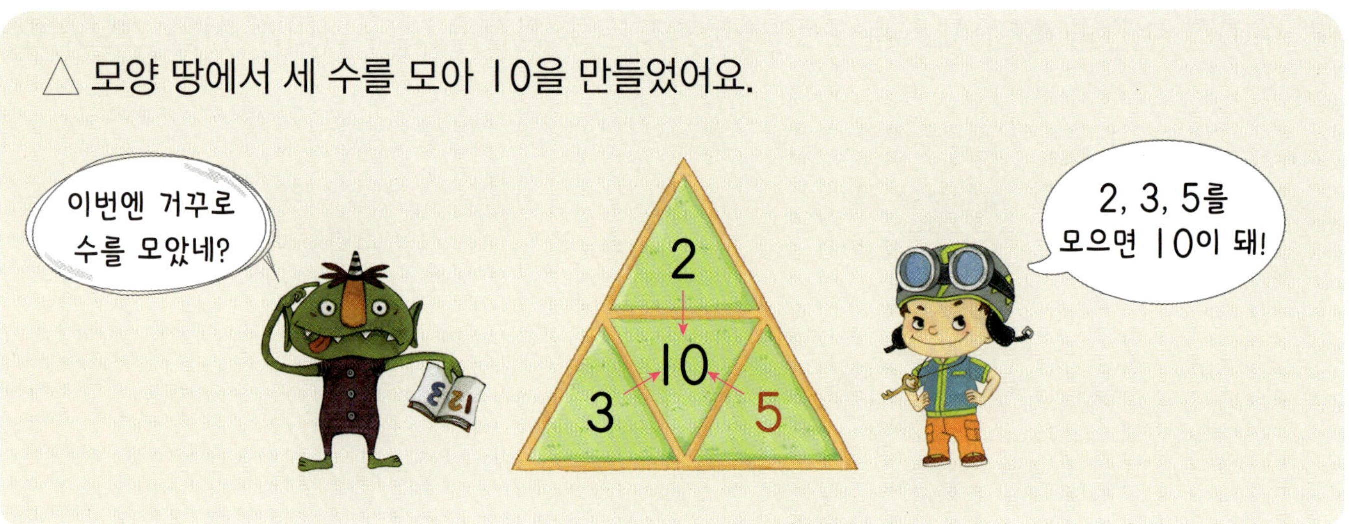

세 수를 모아 10을 만들어요. 빈 곳에 알맞은 수를 쓰세요.

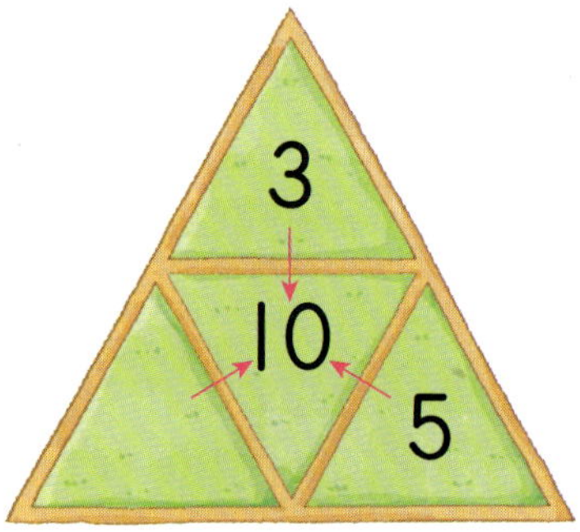

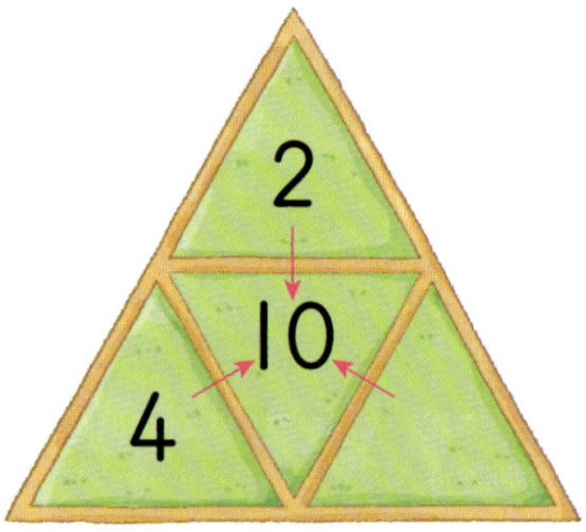

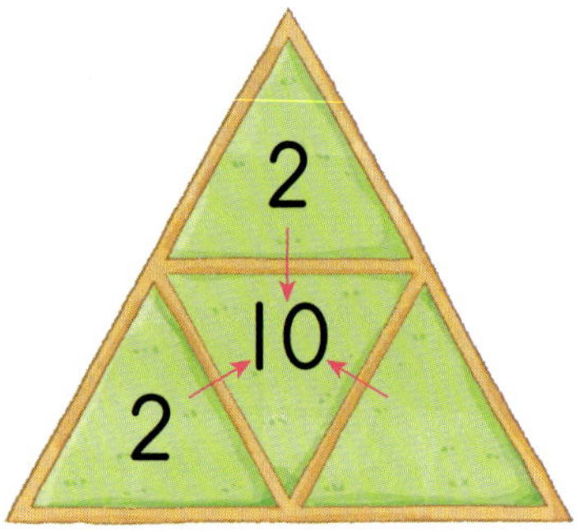

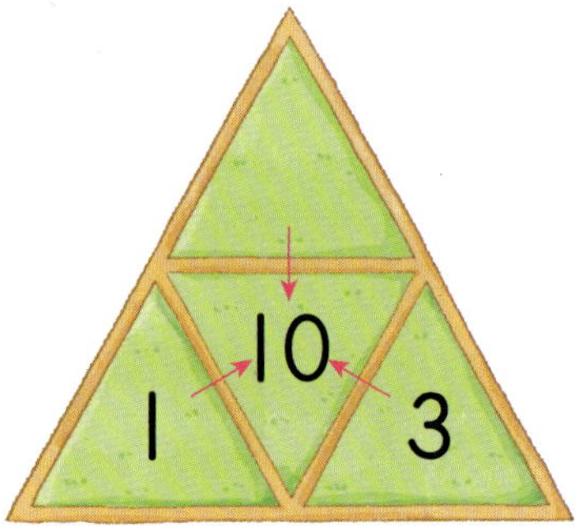

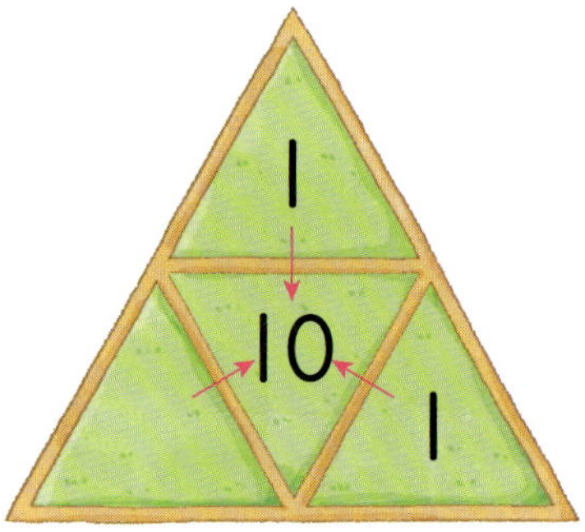

빈 곳에 알맞게 ◯를 그리고 ☐ 안에 알맞은 수를 쓰세요.

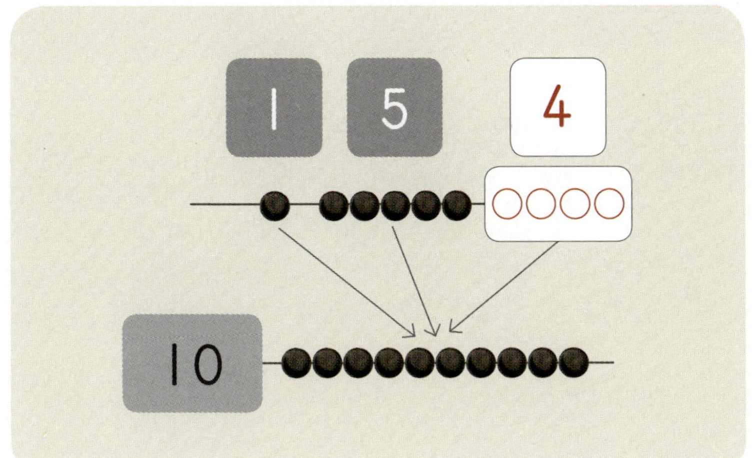
1 5 4
10

1, 5, 4를
모두 모으면 10이야.

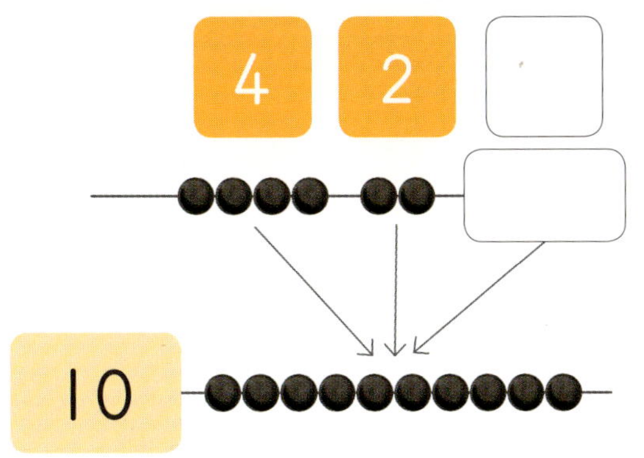
4 2
10

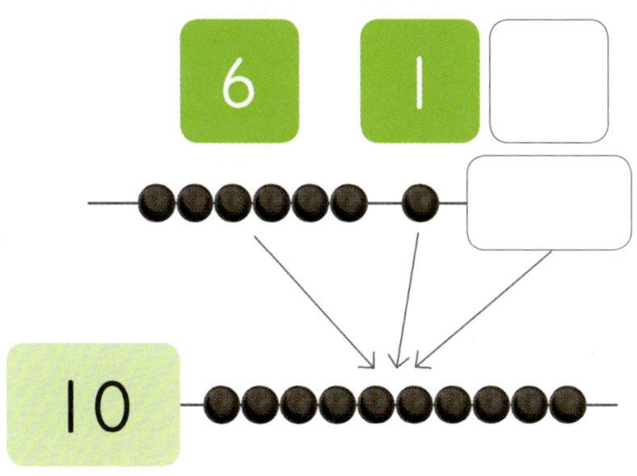
6 1
10

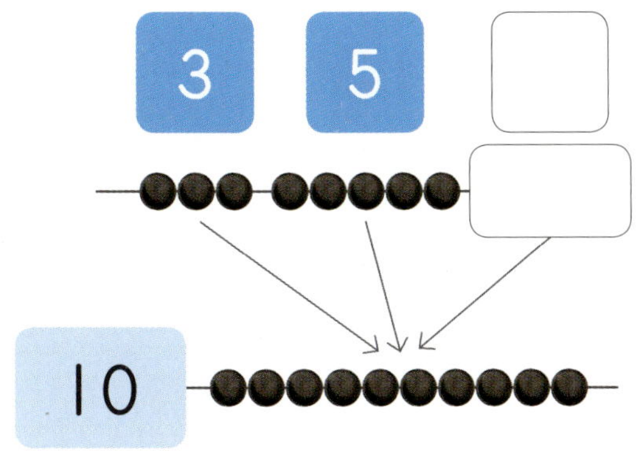
3 5
10

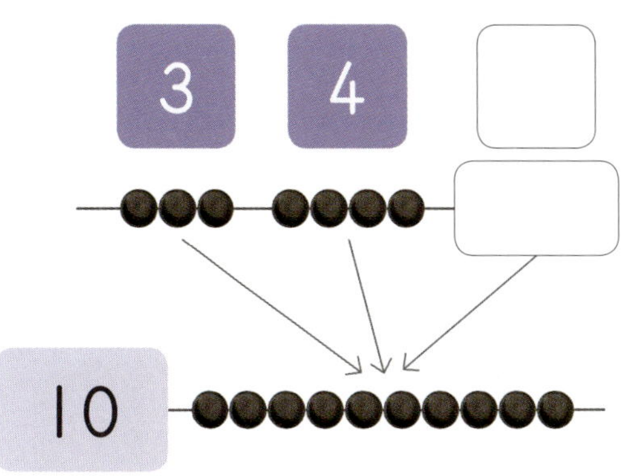
3 4
10

🌳 막대 조각 3개를 붙였어요. ☐ 안에 알맞은 수를 쓰세요.

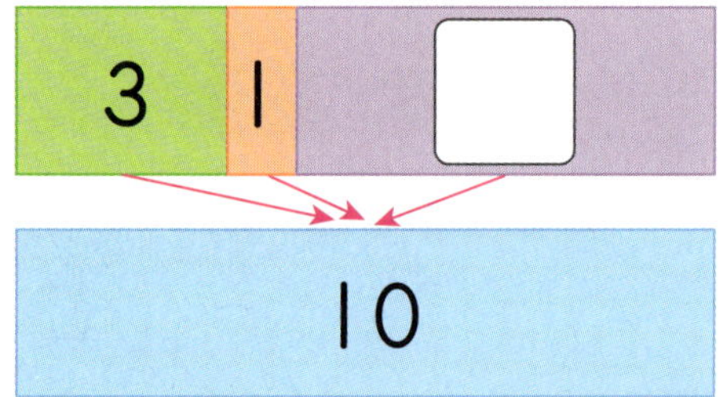

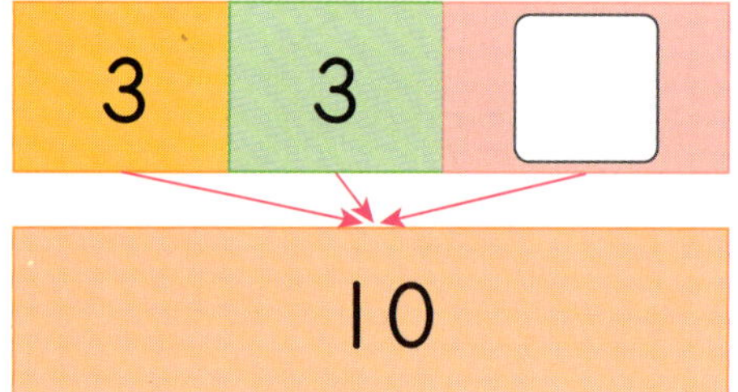

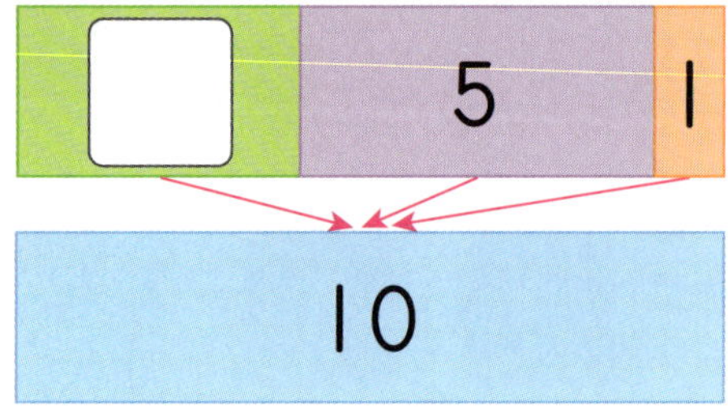

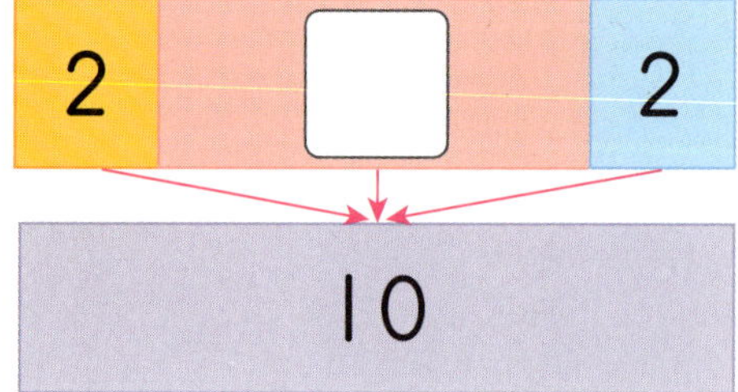

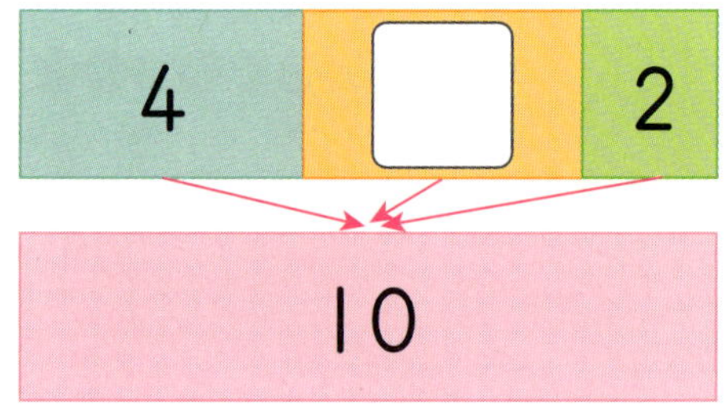

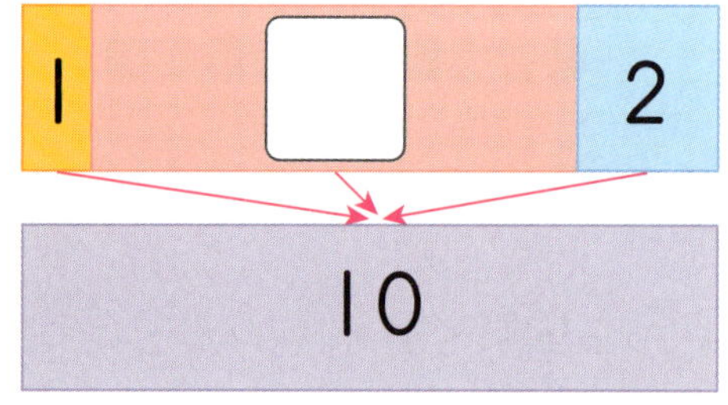

◆ ☐ 안에 알맞은 수를 쓰세요.

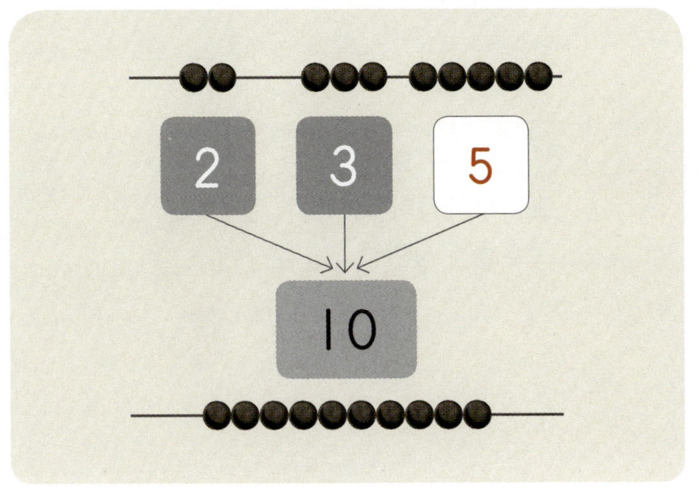

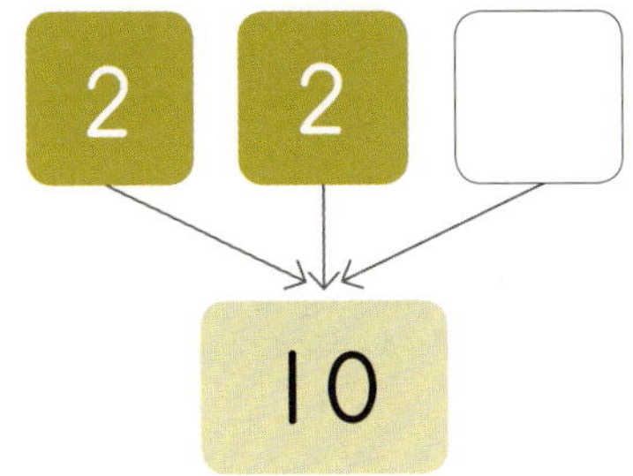

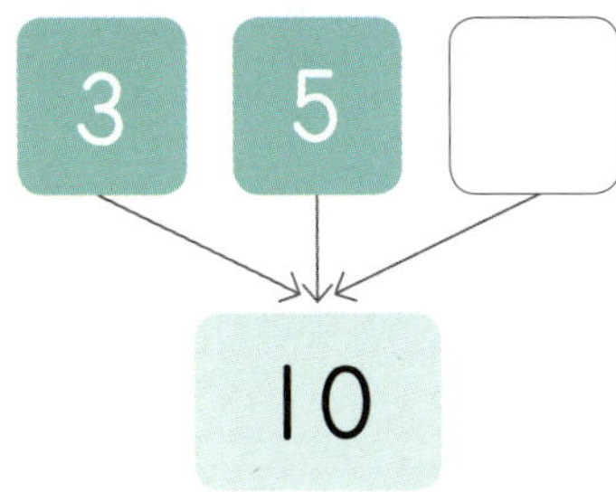

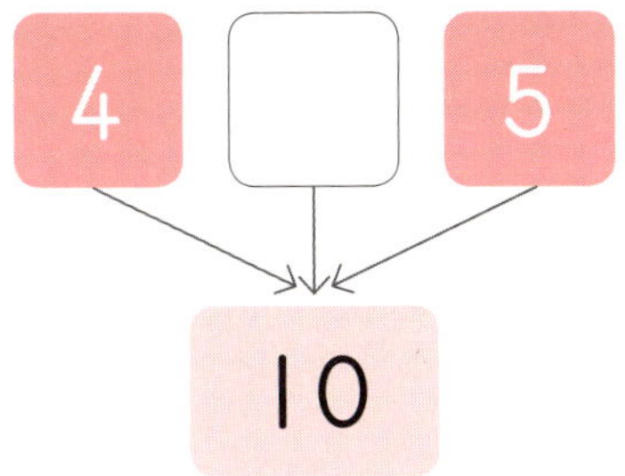

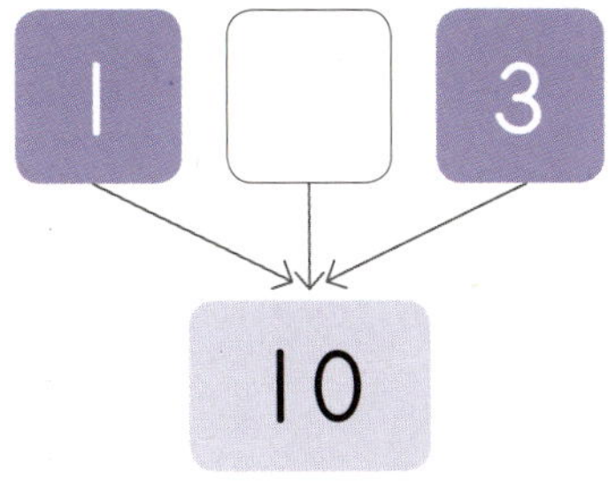

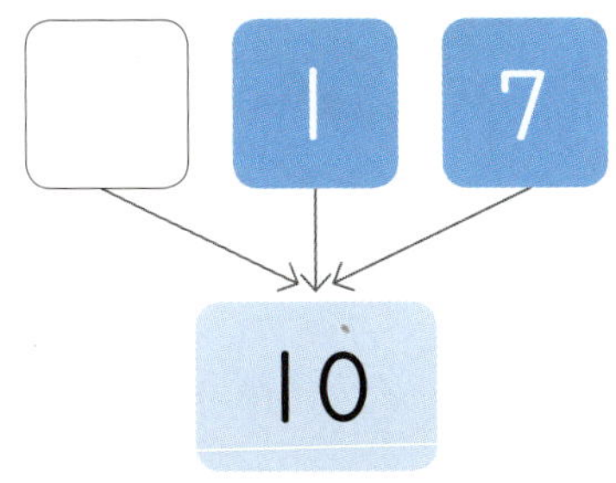

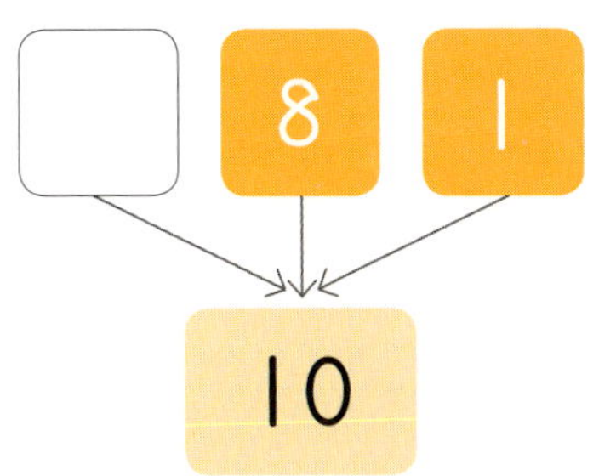

세 수 모아 10 만들기

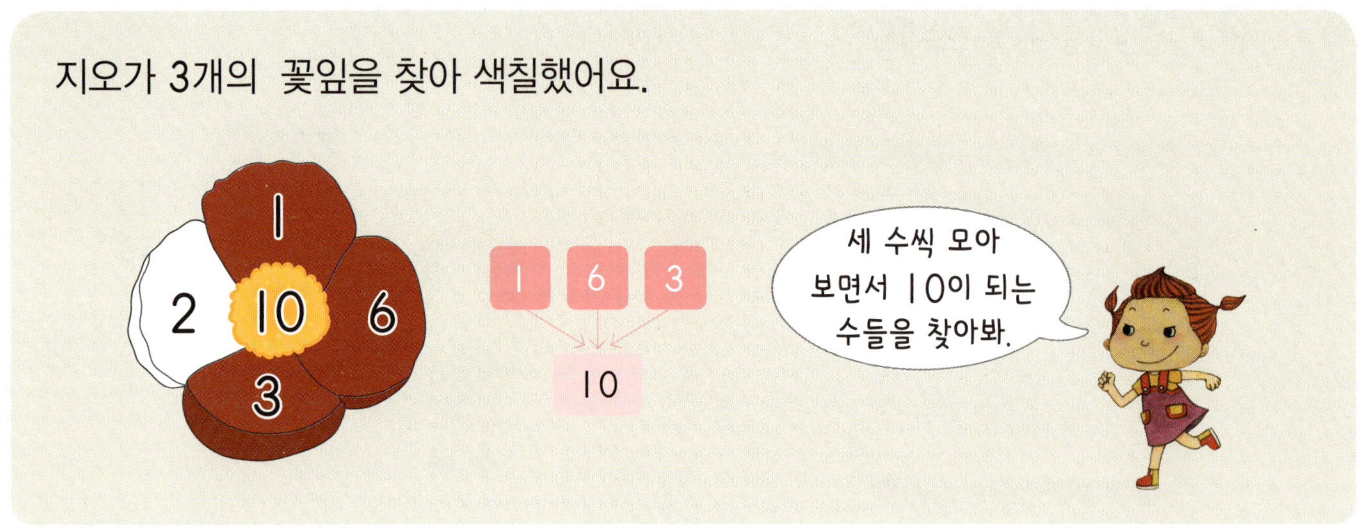

모아서 10이 되는 세 수를 찾아 색칠하세요.

모아서 10이 되는 세 수를 찾아 색칠하세요.

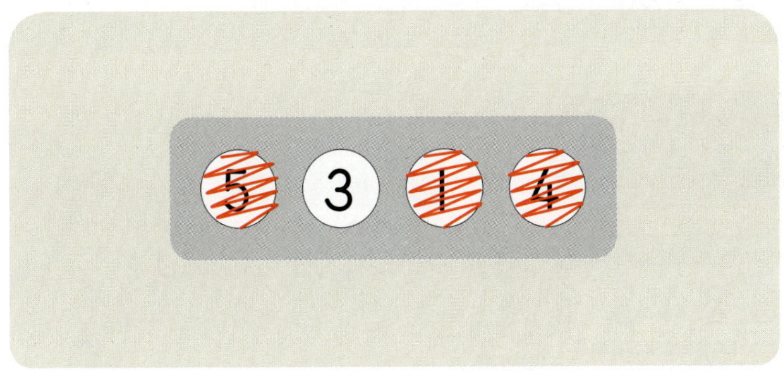

5 1 4
10

지오는 자동차 번호판에 써 있는 세 수를 모아서 10을 만들려고 했어요.

🌳 세 수를 모아 10을 만들려고 해요. 필요 없는 수에 ✖표 하세요.

2 7 1 5

4 2 1 4

5 4 3 2

4 1 6 3

2 6 7 2

6 4 1 5

세 수를 모아 10을 만들려고 해요. 필요 없는 수에 ✕표 하세요.

1 8 8 1

1 8 1
10

6 3 5 2

6 7 2 2

1 6 4 3

8 1 1 2

4 2 5 1

2 4 4 5

2 1 5 7

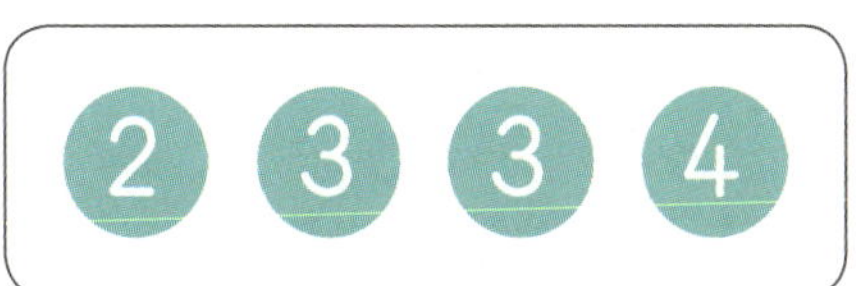
2 3 3 4

공부한 날
월
일

세 수 묶어 10 만들기

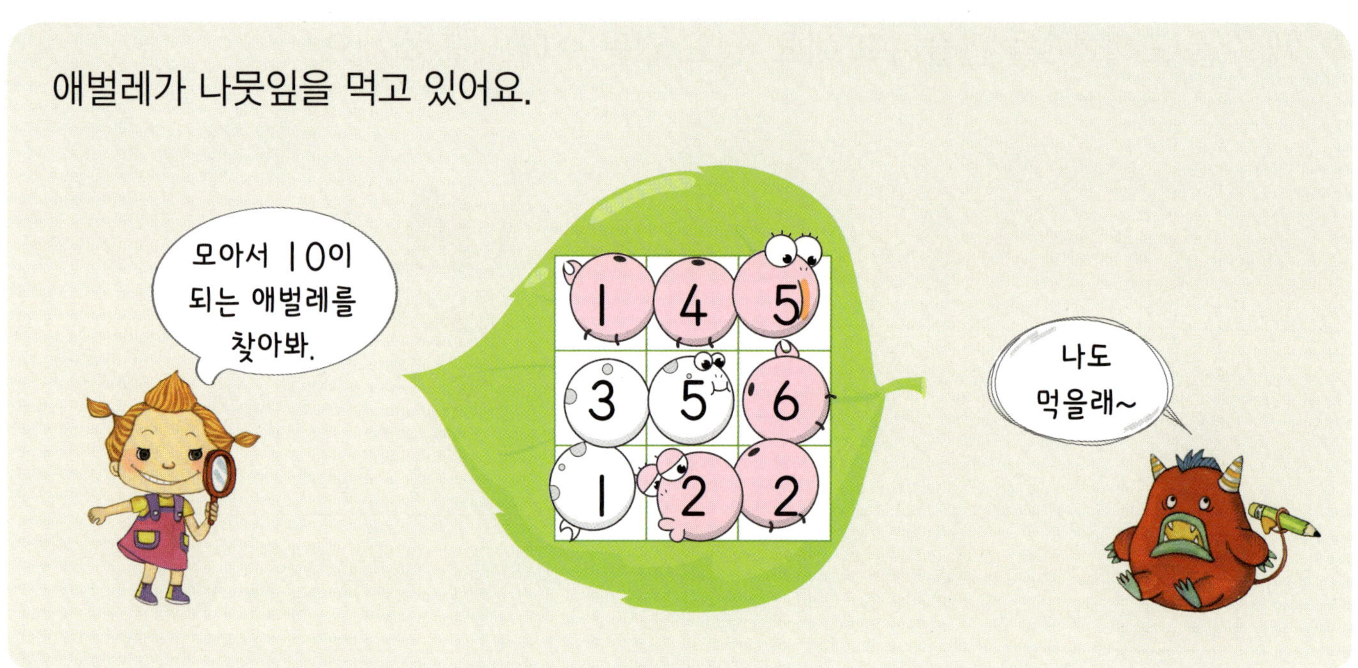

🌳 세 수를 모아 10이 되는 애벌레에 색칠하세요.

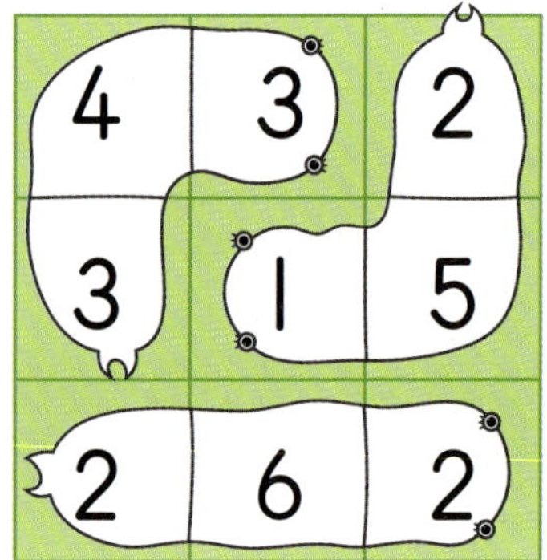

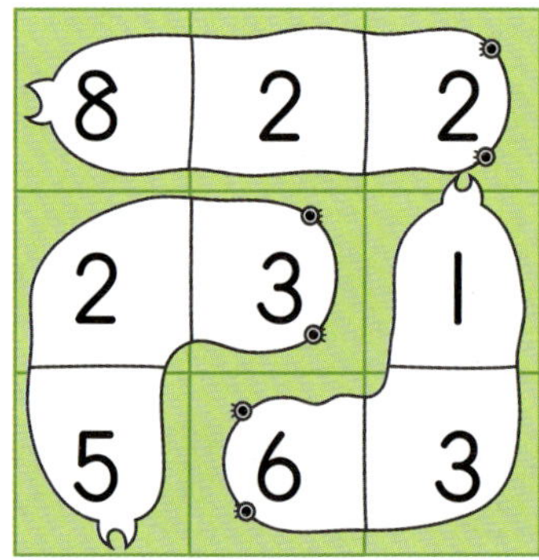

🌳 연결된 세 수를 모아 10이 되도록 ⬭로 묶으세요.

보기

3	4	1
9	3	8
1	2	7

3	8	4
2	7	2
5	9	1

5	4	1
8	9	6
4	4	2

8	9	1
7	5	3
2	3	6

5	2	2
4	8	6
2	7	1

태경이와 지오는 모아서 10이 되는 세 수를 찾아 나뭇가지로 묶고 있어요.

🌳 연결된 세 수를 모아 10이 되도록 ⬭로 묶으세요.

연결된 세 수를 모아 10이 되도록   로 묶으세요.

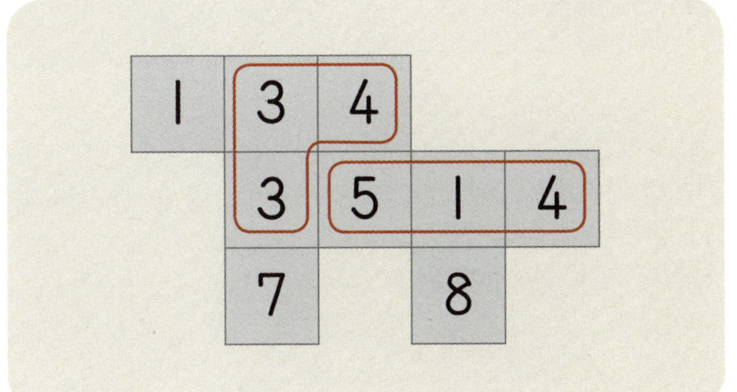

3, 3, 4와 5, 1, 4를
각각 모으면 10이 돼.

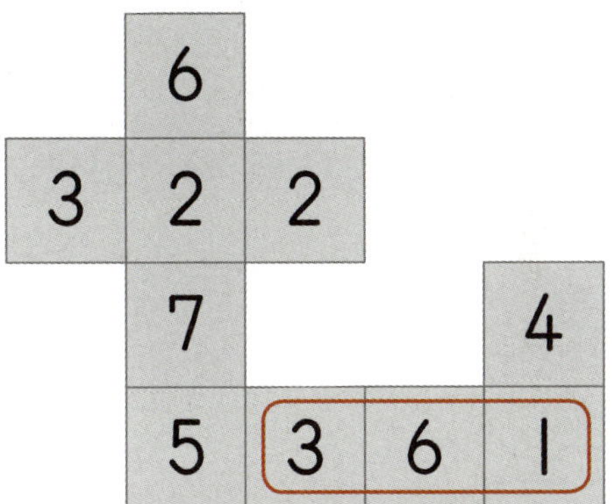

🌲 10을 세 수로 갈라요. 빈 곳에 알맞은 수를 쓰세요.

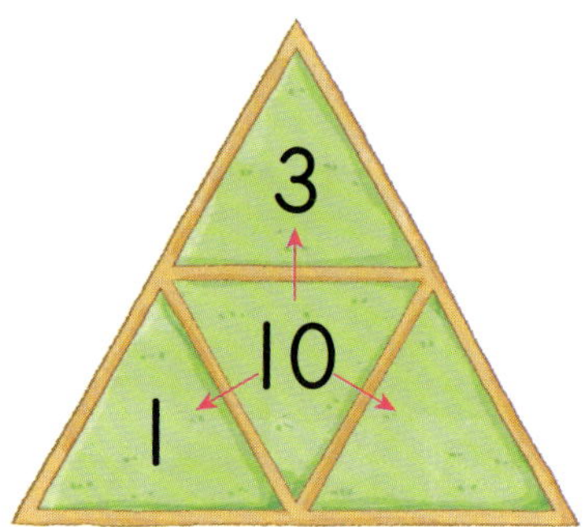

🌲 막대를 세 조각으로 잘랐어요. ☐ 안에 알맞은 수를 쓰세요.

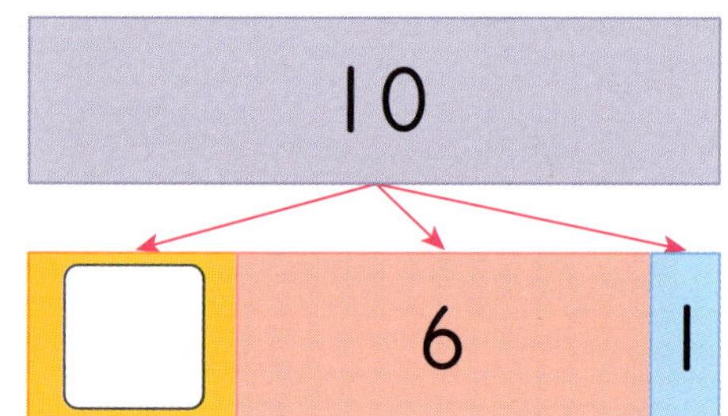

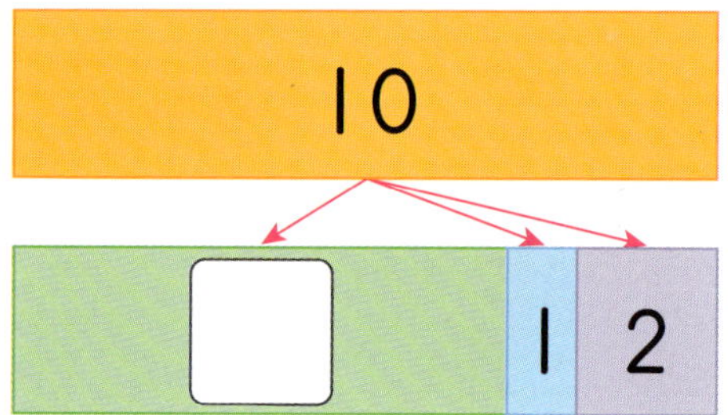

🌲 그림을 보고 ☐ 안에 알맞은 수를 쓰세요.

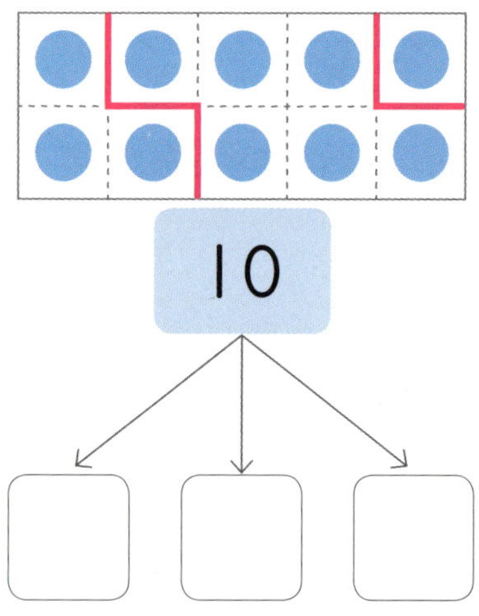

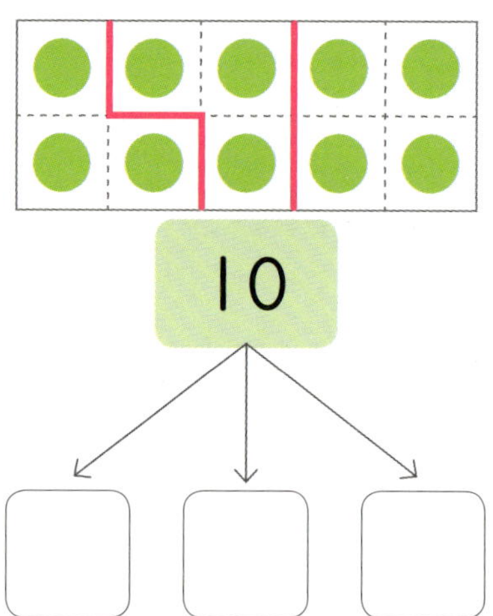

🌲 세 수를 모아 l0을 만들어요. 빈 곳에 알맞은 수를 쓰세요.

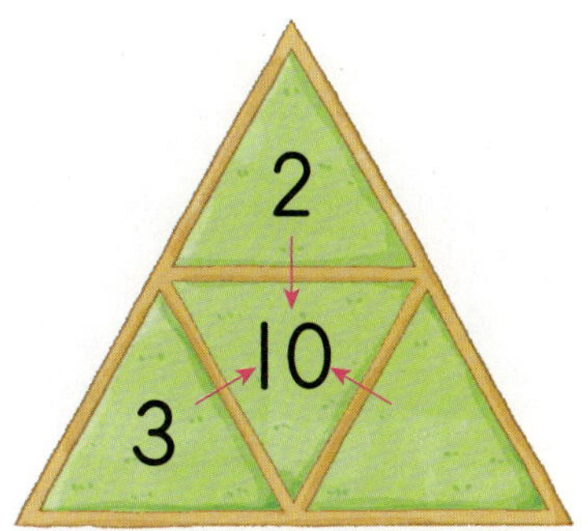

🌲 모아서 l0이 되는 세 수를 찾아 색칠하세요.

🌲 연결된 세 수를 모아 l0이 되도록 ⬭로 묶으세요.

<table>
<tr><td>3</td><td>6</td><td>2</td></tr>
<tr><td>2</td><td>7</td><td>4</td></tr>
<tr><td>5</td><td>5</td><td>l</td></tr>
</table>

<table>
<tr><td>5</td><td>4</td><td>l</td></tr>
<tr><td>8</td><td>7</td><td>6</td></tr>
<tr><td>4</td><td>4</td><td>2</td></tr>
</table>

연산력 게임

알록달록 공 찾기

저울을 10에 맞추려면 어떤 공을 올려야 할까요?

더해서 10을 만들 수 있는 세 개의 공을 손가락으로 끌어서 저울 위에 올려 놓으세요.

2, 7, 1이 써 있는 공을 올려 놓으면 정답입니다.

어떤 풍선을 터뜨려야 할까요?

더해서 10이 되는 풍선 3개를 찾아 각각 손가락으로 누르세요.

1, 4, 5가 쓰인 풍선을 누르면 정답입니다.

풍선 게임

10을 이용한 더하기

▶ 연산 보충 학습(108쪽)에서 더 풀어 보세요.

학부모 지도 가이드

이번 차시에서는 앞서 반복해서 배웠던 10의 보수에 대한 개념을 정리하게 됩니다.

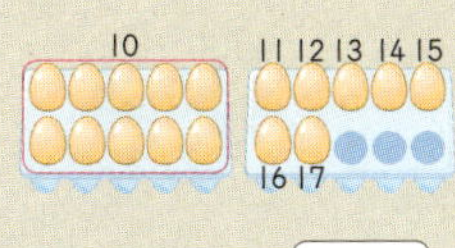

$10 + 7 = 17$

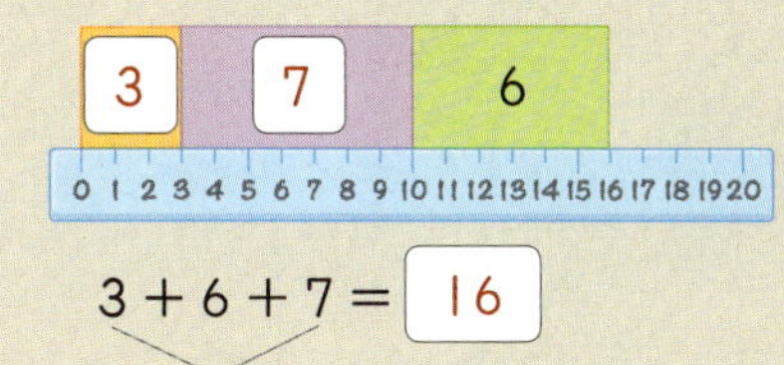

$3 + 6 + 7 = 16$

10에서 더하고 10을 이용해 더하는 과정을 배우면서 앞으로 배울 받아올림이 있는 덧셈을 준비할 수 있도록 지도해 주세요.

10이 되는 세 수 더하기

10을 두 수로 가르고 그중 한 수를 다시 갈라 세 수를 더했어요.

🌳 빈 곳에 알맞은 수를 쓰세요.

10
☐ + 5 = 10
5 + 4 + ☐ = 10

10
7 + 3 = 10
☐ + ☐ + 2 = 10

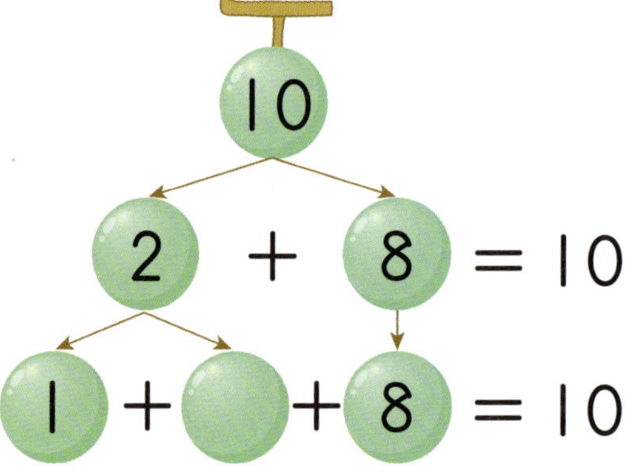

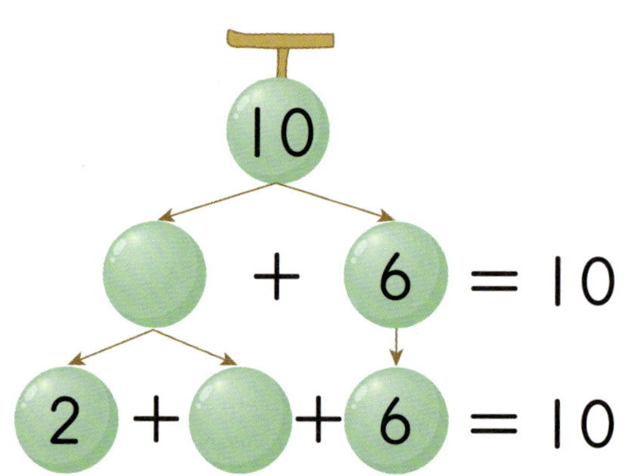

$$8 + \boxed{2} = 10$$
$$8 + 1 + 1 = \boxed{10}$$

$$7 + \boxed{} = 10$$
$$7 + 2 + 1 = \boxed{}$$

$$6 + \boxed{} = 10$$
$$6 + 3 + 1 = \boxed{}$$

$$5 + \boxed{} = 10$$
$$5 + 3 + 2 = \boxed{}$$

$$\boxed{} + 6 = 10$$
$$2 + 2 + 6 = \boxed{}$$

$$\boxed{} + 7 = 10$$
$$1 + 2 + 7 = \boxed{}$$

$$\boxed{} + 8 = 10$$
$$1 + 1 + 8 = \boxed{}$$

태경이와 지오가 세 수를 모아 10을 만들고 있어요.

● ◯ 안에 알맞은 수를 쓰세요.

$3 + 4 + 3 = 10$

$8 + 1 + 1 = 10$

$2 + 7 + 1 = 10$

$4 + 1 + 5 = 10$

🌳 **세 수의 덧셈을 하세요.**

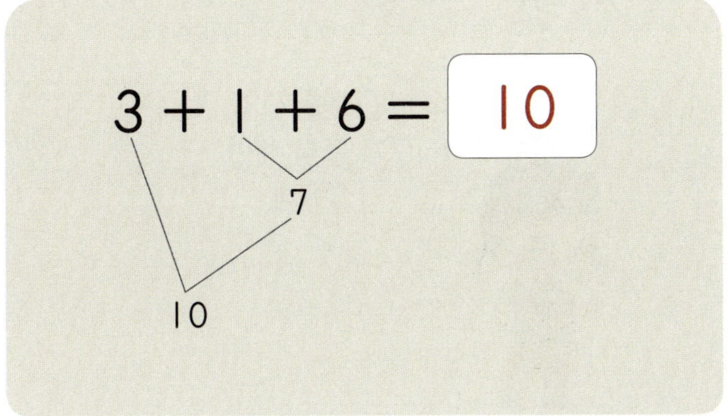
$$3 + 1 + 6 = \boxed{10}$$

$$1 + 7 + 2 = \boxed{}$$

$$6 + 2 + 2 = \boxed{}$$

$$3 + 3 + 4 = \boxed{}$$

$$5 + 1 + 4 = \boxed{}$$

$$2 + 4 + 4 = \boxed{}$$

$$1 + 8 + 1 = \boxed{}$$

$$5 + 2 + 3 = \boxed{}$$

$$1 + 3 + 6 = \boxed{}$$

10에서 더하기

태경이가 달걀판에 들어 있는 달걀의 수를 세고 있어요.

$$10 + 7 = \boxed{17}$$

🌳 달걀을 모두 세어 덧셈을 하세요.

$$10 + 1 = \boxed{}$$

$$10 + 4 = \boxed{}$$

$$10 + 3 = \boxed{}$$

$$10 + 8 = \boxed{}$$

$$10 + 5 = \boxed{}$$

$$10 + 6 = \boxed{}$$

● 덧셈을 하세요.

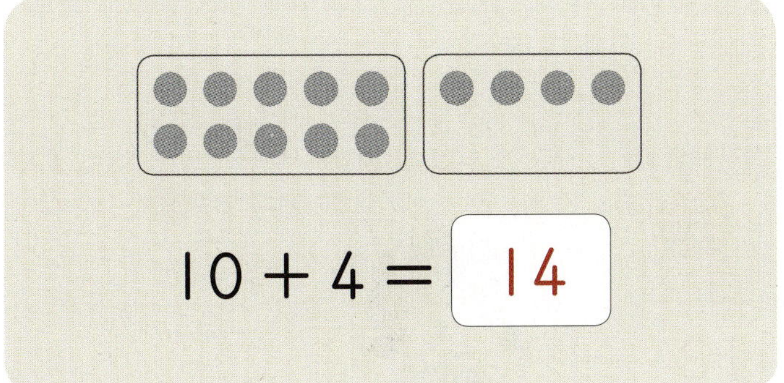

$$10 + 4 = \boxed{14}$$

$10 + 3 = \boxed{}$ $10 + 1 = \boxed{}$

$10 + 6 = \boxed{}$ $10 + 7 = \boxed{}$

$10 + 2 = \boxed{}$ $10 + 8 = \boxed{}$

$10 + 9 = \boxed{}$ $10 + 5 = \boxed{}$

태경이와 지오가 동전의 금액을 세고 있어요.

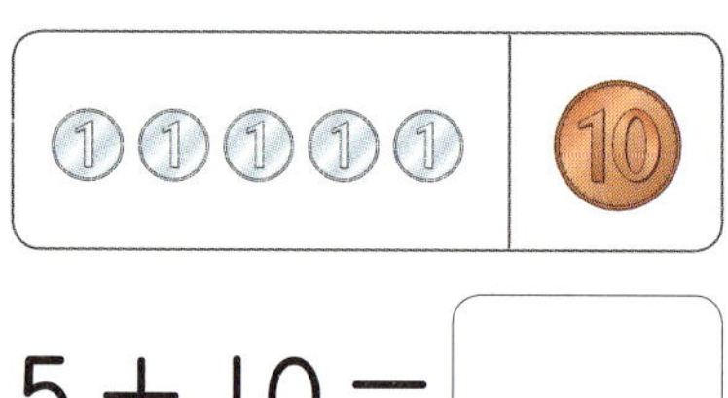 금액을 모두 세어 덧셈을 하세요.

5 + 10 =

2 + 10 =

6 + 10 =

8 + 10 =

4 + 10 =

7 + 10 =

$$5 + 10 = \boxed{15}$$

$$10 + 5 = 15$$

$$4 + 10 = \boxed{}$$

$$10 \quad 4$$

$$8 + 10 = \boxed{}$$

$$10 \quad 8$$

$$1 + 10 = \boxed{}$$

$$9 + 10 = \boxed{}$$

$$3 + 10 = \boxed{}$$

$$2 + 10 = \boxed{}$$

$$7 + 10 = \boxed{}$$

$$6 + 10 = \boxed{}$$

10을 이용한 더하기 (1)

🌳 쿠키를 모두 세어 세 수의 덧셈을 하세요.

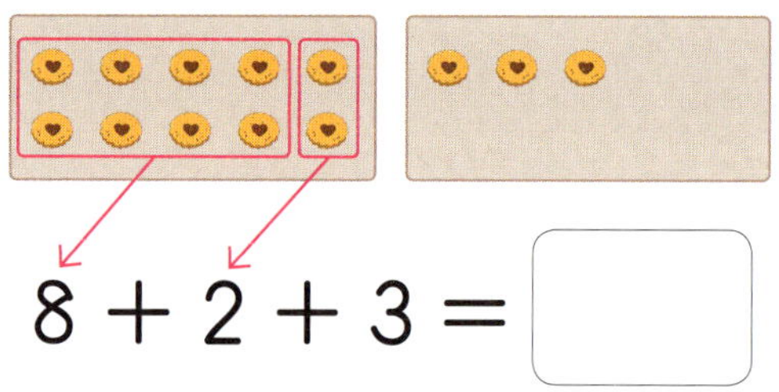

$$8 + 2 + 3 = \boxed{}$$

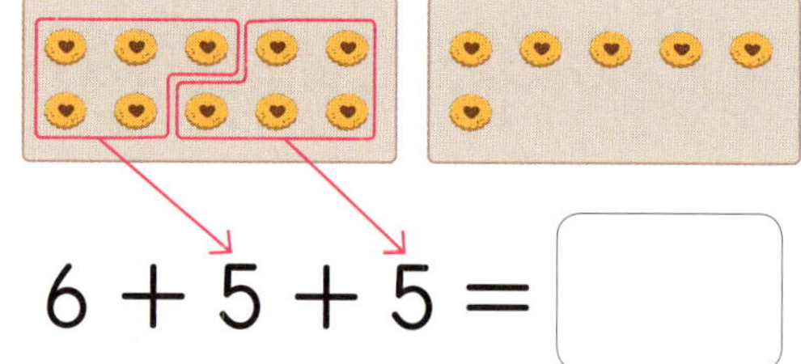

$$6 + 5 + 5 = \boxed{}$$

$$6 + 1 + 4 = \boxed{}$$

$$4 + 7 + 3 = \boxed{}$$

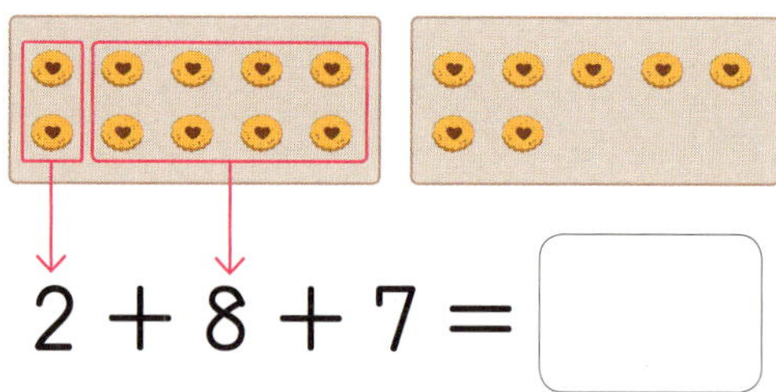

$$2 + 8 + 7 = \boxed{}$$

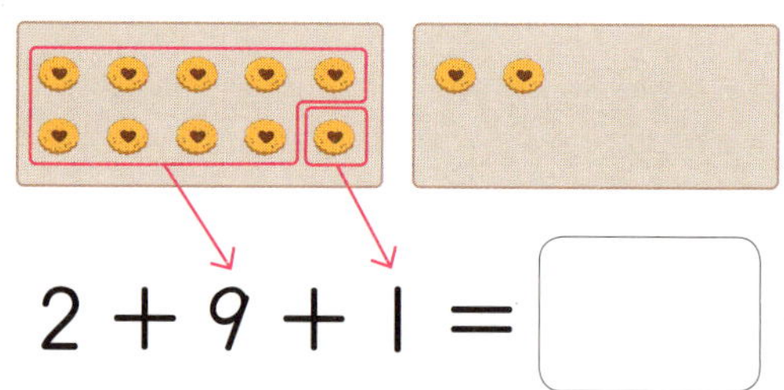

$$2 + 9 + 1 = \boxed{}$$

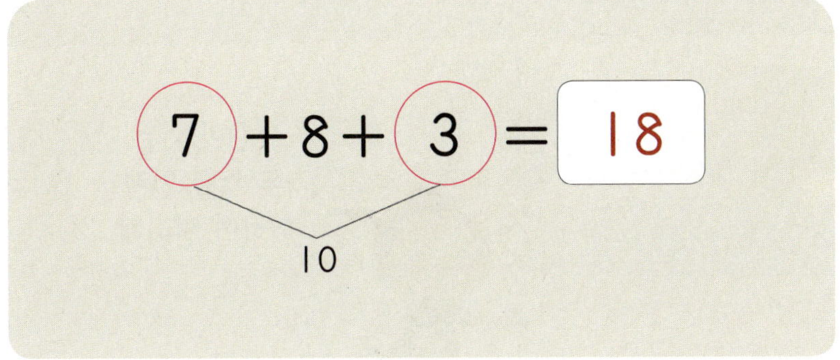

(5) + (5) + 2 = ☐

3 + (1) + (9) = ☐

(8) + 4 + (2) = ☐

7 + (7) + (3) = ☐

(9) + (1) + 1 = ☐

(5) + 9 + (5) = ☐

8 + (3) + (7) = ☐

(4) + (6) + 5 = ☐

지오가 자를 이용해서 세 수의 덧셈을 하고 있어요.

🌳 ☐ 안에 알맞은 수를 쓰고 세 수의 덧셈을 하세요.

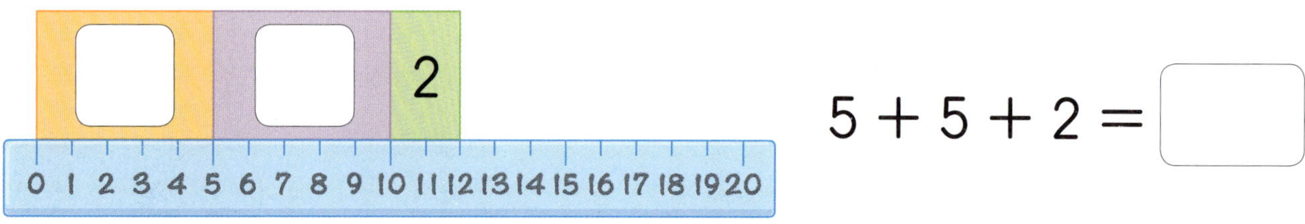

$5 + 5 + 2 = $ ☐

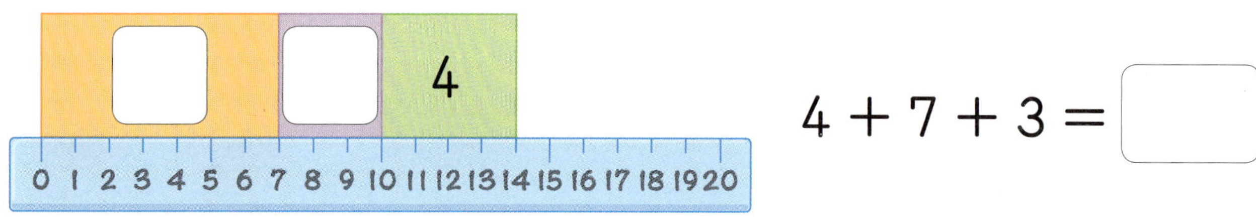

$4 + 7 + 3 = $ ☐

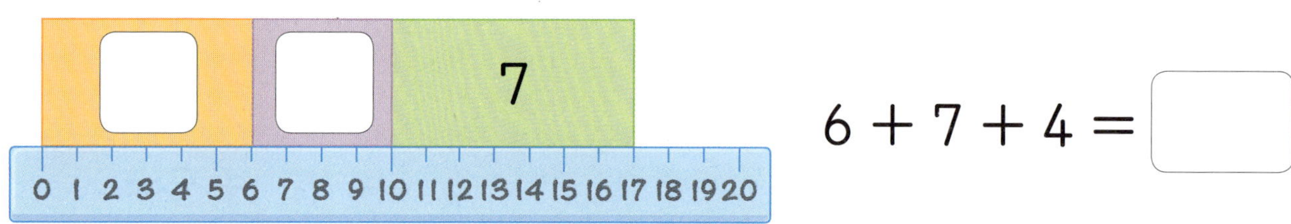

$6 + 7 + 4 = $ ☐

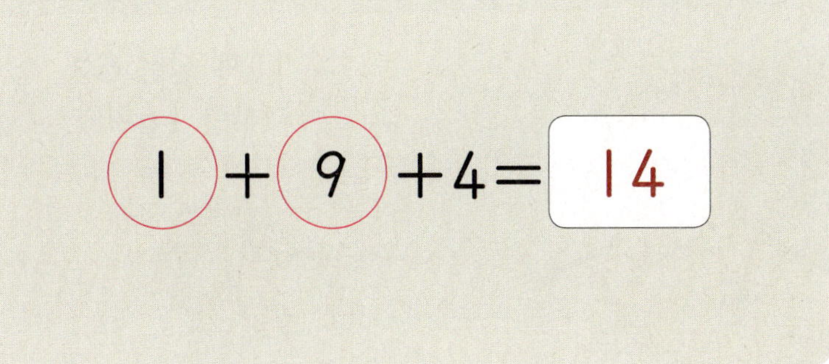

7 +6+ 3 = ☐   9+ 8 + 2 = ☐

4 + 6 +1 = ☐   2 + 8 +7 = ☐

3+ 9 + 1 = ☐   6 +2+ 4 = ☐

8+ 3 + 7 = ☐   5 + 5 +6 = ☐

공부한 날
월
일

10을 이용한 더하기 (2)

🌳 과녁판에 적힌 수를 모두 더하여 ☐ 안에 쓰세요.

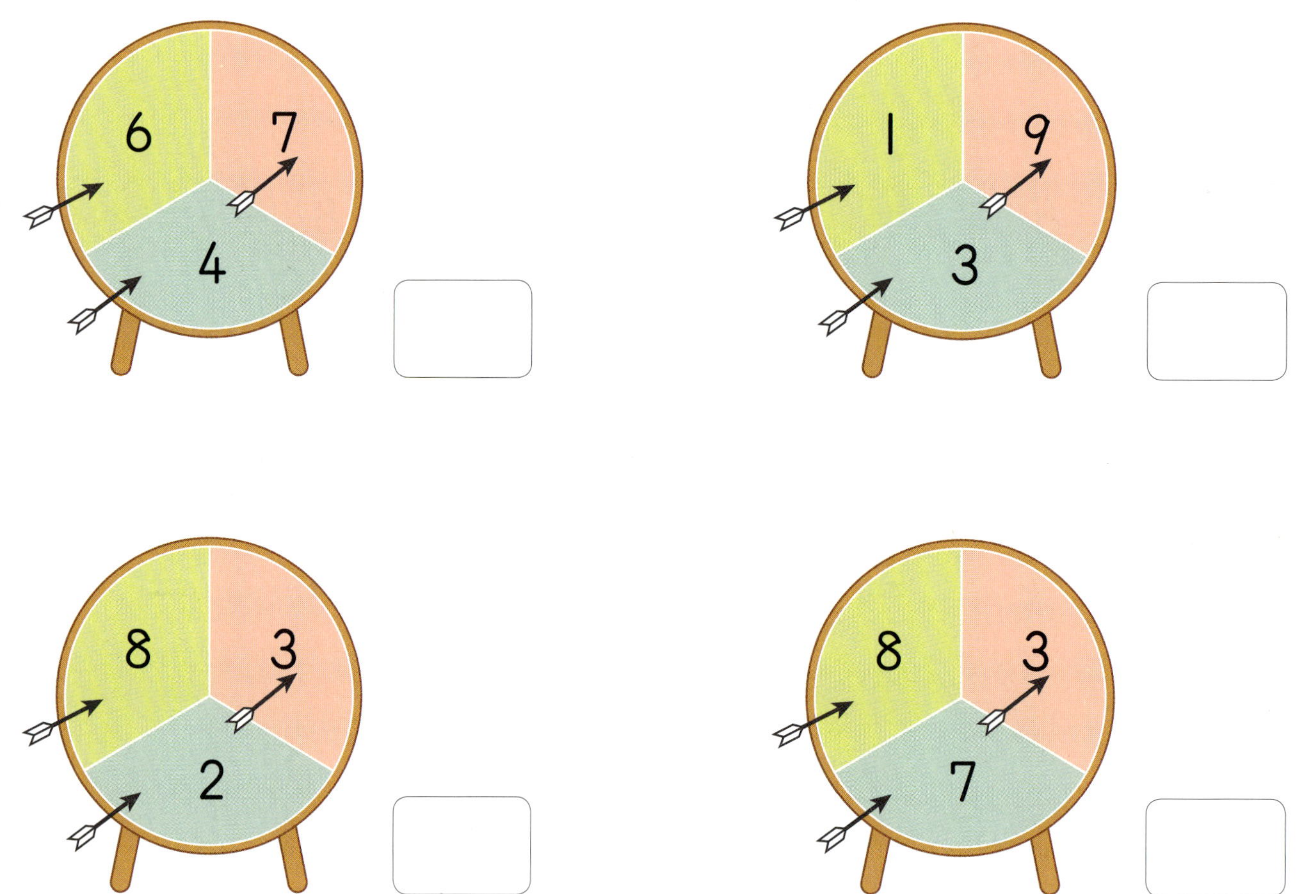

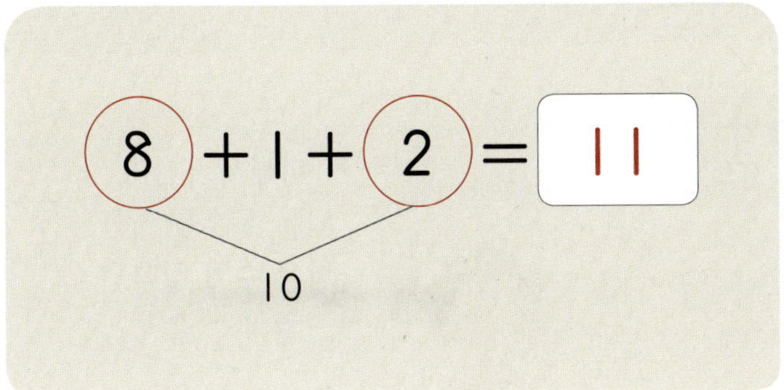

$1 + 9 + 3 = \boxed{}$　　　　$6 + 8 + 4 = \boxed{}$

$2 + 5 + 5 = \boxed{}$　　　　$2 + 8 + 7 = \boxed{}$

$9 + 4 + 1 = \boxed{}$　　　　$5 + 2 + 8 = \boxed{}$

$7 + 3 + 9 = \boxed{}$　　　　$5 + 5 + 7 = \boxed{}$

지오가 결과가 같은 종이 테이프를 붙이고 있어요.

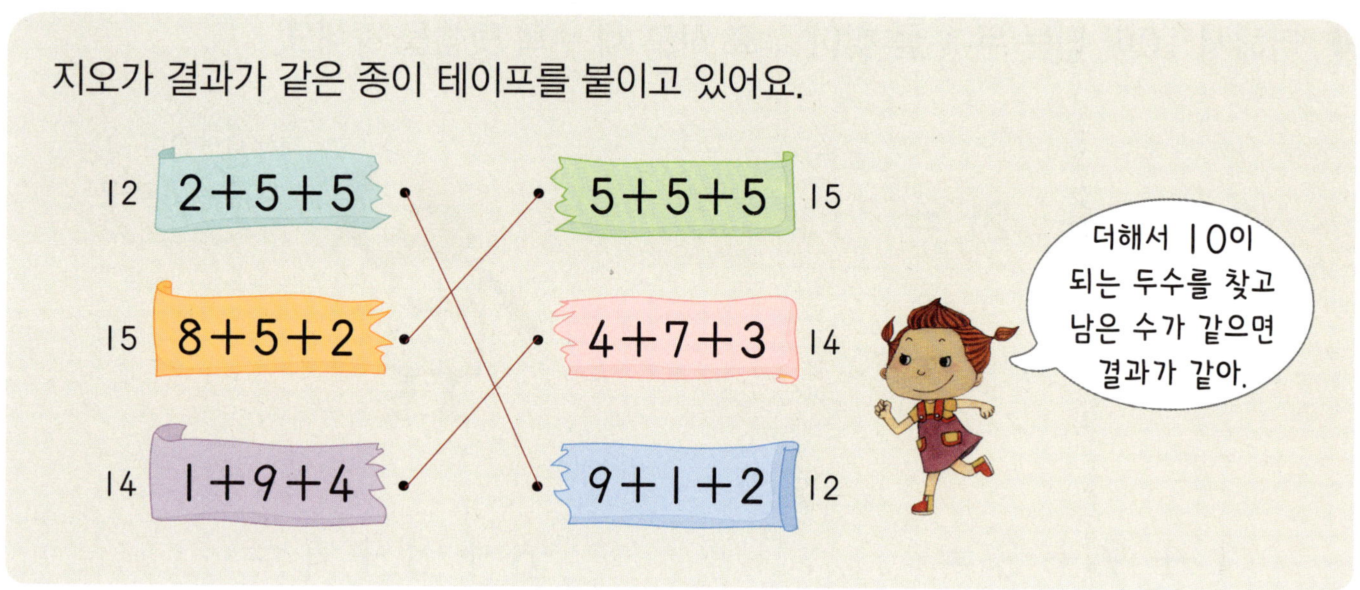

🌳 계산 결과가 같은 것끼리 선으로 이으세요.

4+6+5 •   • 9+2+8

8+3+7 •   • 6+8+4

9+1+9 •   • 3+7+5

5+1+5 •   • 7+6+3

7+2+8 •   • 8+2+1

4+6+6 •   • 7+5+5

🌳 더해서 10이 되는 두 수를 찾아 ◯표 하고 세 수의 덧셈을 하세요.

$(5) + (5) + 8 = \boxed{18}$

$6 + 4 + 5 = \boxed{}$

$2 + 1 + 9 = \boxed{}$

$7 + 8 + 2 = \boxed{}$

$3 + 1 + 7 = \boxed{}$

$9 + 3 + 1 = \boxed{}$

$7 + 4 + 6 = \boxed{}$

$9 + 7 + 3 = \boxed{}$

$2 + 6 + 8 = \boxed{}$

공부한 날

월

일

□가 있는 더하기

빨랫줄에 양말이 걸려 있어요.

🌳 빨랫줄에 걸린 양말을 보고 ◯ 안에 알맞은 수를 쓰세요.

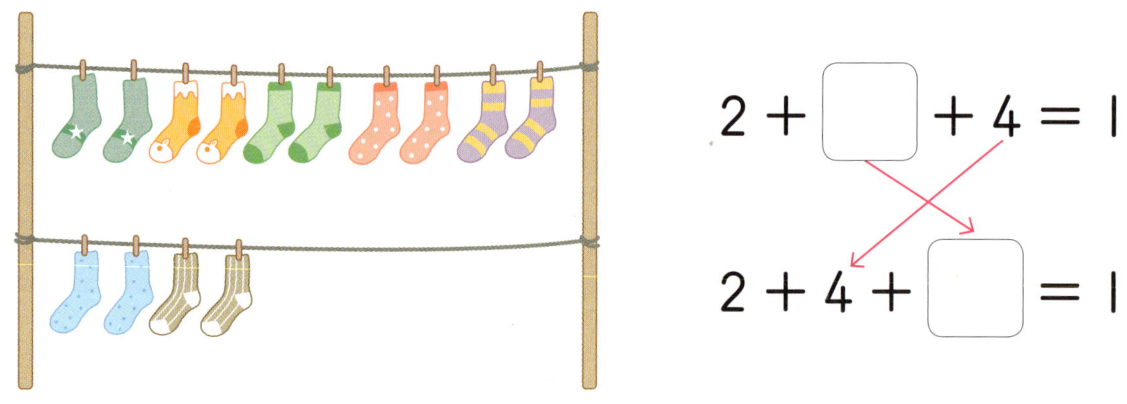

$2 + \boxed{} + 4 = 14$

$2 + 4 + \boxed{} = 14$

$6 + \boxed{} + 8 = 18$

$6 + 8 + \boxed{} = 18$

같아요.

$$5 + \boxed{8} + 2 = 15$$

10

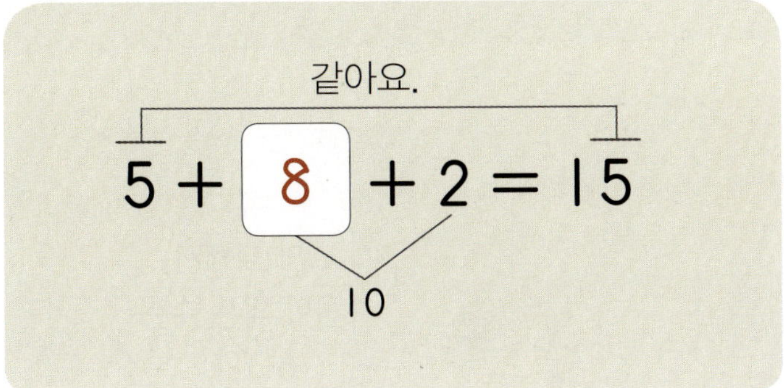

$$7 + \boxed{} + 2 = 12$$

10

$$5 + \boxed{} + 4 = 14$$

10

$$7 + \boxed{} + 4 = 17$$

10

$$5 + \boxed{} + 9 = 15$$

10

$$1 + 8 + \boxed{} = 11$$

$$3 + 6 + \boxed{} = 13$$

$$3 + 6 + \boxed{} = 16$$

$$5 + 8 + \boxed{} = 18$$

태경이가 막대 조각을 이용해서 덧셈을 하고 있어요.

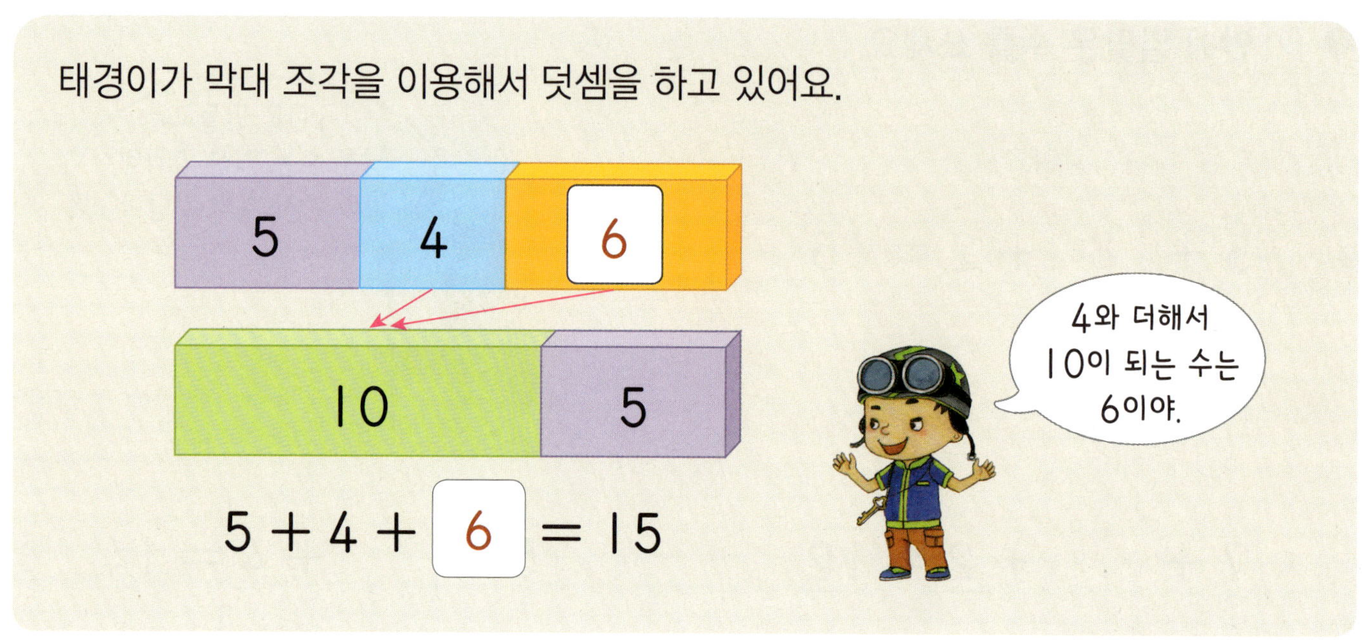

🌳 ☐ 안에 알맞은 수를 쓰세요.

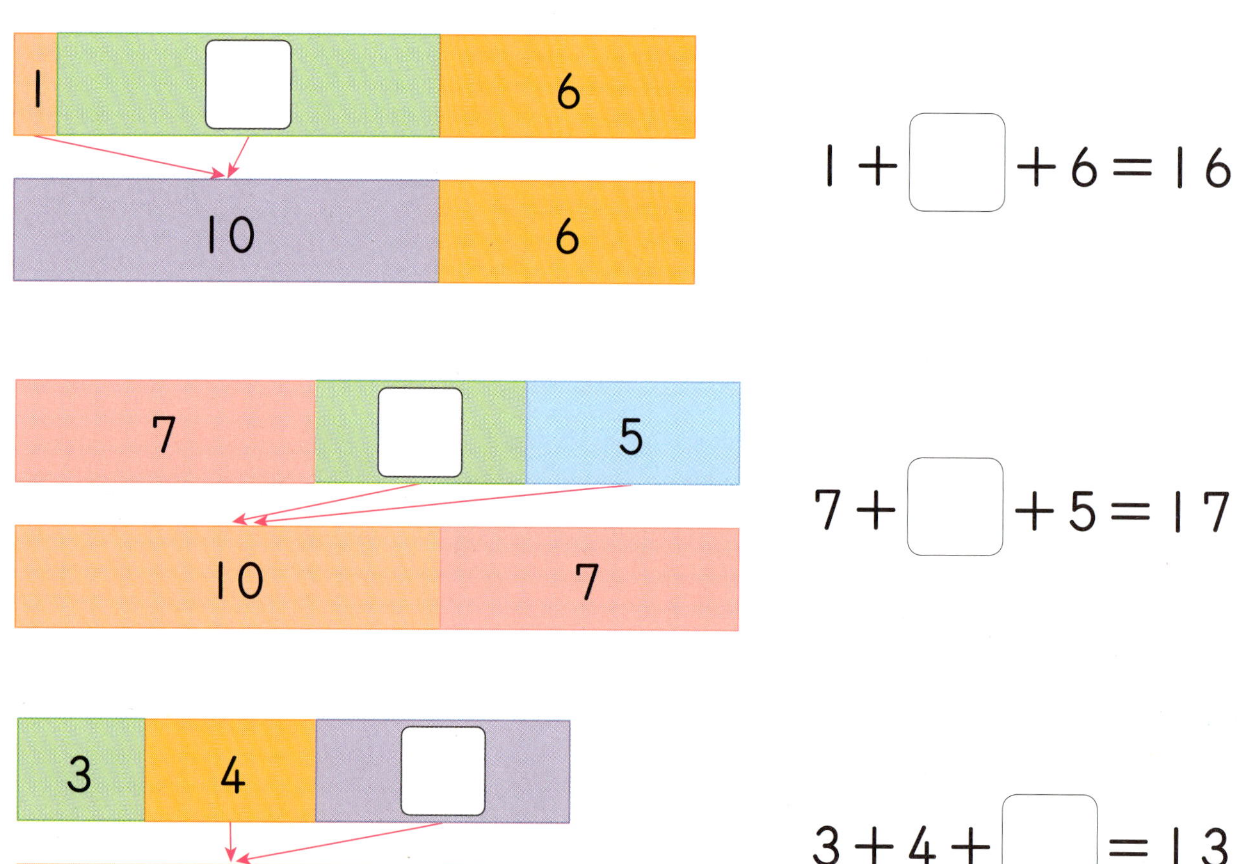

● ☐ 안에 알맞은 수를 쓰세요.

$$3 + 9 + \boxed{7} = 19$$

$$6 + \boxed{} + 8 = 18$$

$$8 + \boxed{} + 1 = 11$$

$$3 + \boxed{} + 5 = 13$$

$$4 + \boxed{} + 5 = 14$$

$$7 + 1 + \boxed{} = 17$$

$$5 + 4 + \boxed{} = 15$$

$$7 + 2 + \boxed{} = 12$$

$$9 + 6 + \boxed{} = 16$$

▲ ☐ 안에 알맞은 수를 쓰세요.

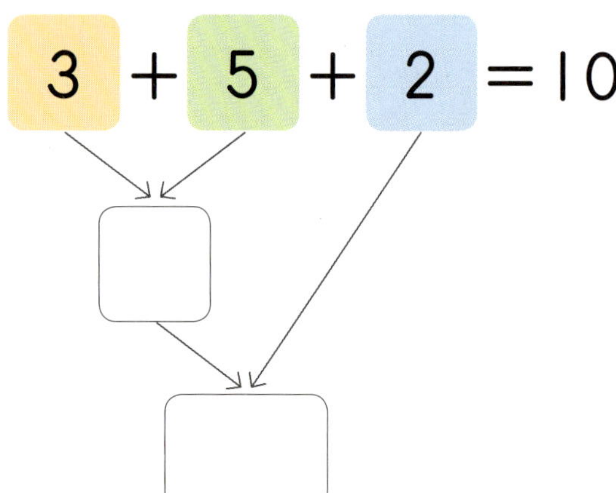

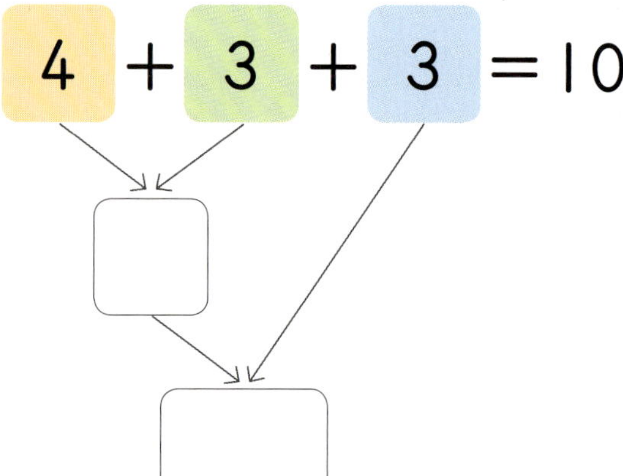

▲ 덧셈을 하세요.

$2 + 4 + 4 = \boxed{}$ $5 + 1 + 4 = \boxed{}$

$6 + 10 = \boxed{}$ $9 + 10 = \boxed{}$

▲ 금액을 모두 세어 덧셈을 하세요.

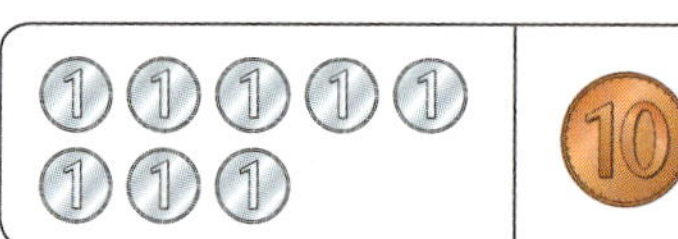

$5 + 10 = \boxed{}$ $8 + 10 = \boxed{}$

🌲 더해서 10이 되는 두 수를 찾아 ◯표 하고 세 수의 덧셈을 하세요.

$2 + 5 + 5 =$ ☐ $2 + 8 + 4 =$ ☐

$9 + 7 + 1 =$ ☐ $5 + 4 + 6 =$ ☐

🌲 ☐ 안에 알맞은 수를 쓰세요.

$2 + 4 +$ ☐ $= 14$

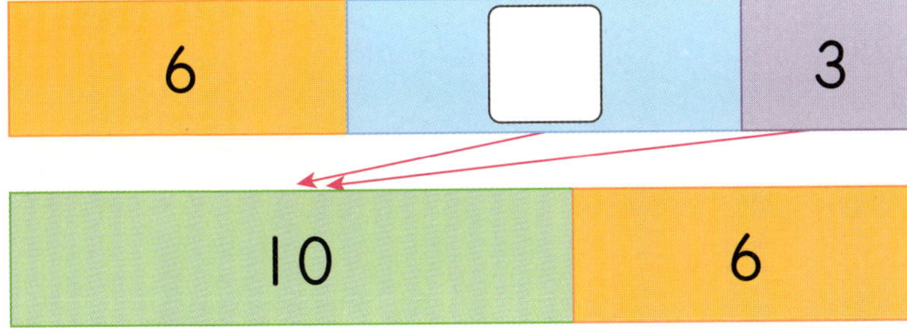

$6 +$ ☐ $+ 3 = 16$

🌲 ☐ 안에 알맞은 수를 쓰세요.

$3 + 7 +$ ☐ $= 17$ $5 + 4 +$ ☐ $= 15$

연산력 게임

QR코드를 찍으면 다양한 연산 게임을 할 수 있어요.

칙칙폭폭 덧셈 기차

덧셈 기차를 완성해 볼까요?

덧셈을 하여 알맞은 기차를 찾아 손가락으로 끌어서 빈 곳에 넣으세요.
19가 써 있는 기차를 넣으면 정답입니다.

잠수함에 필요한 창문은 어느 것일까요?

세 수의 덧셈을 하여 알맞은 창문을 손가락으로 끌어서 빈 곳에 넣으세요.
16이 써 있는 창문을 넣으면 정답입니다.

바닷속 잠수함 여행

연산 보충 학습

10 가르기와 모으기

❖ 빈 곳을 색칠해 10칸을 채우고 ☐ 안에 색칠한 수를 쓰세요.

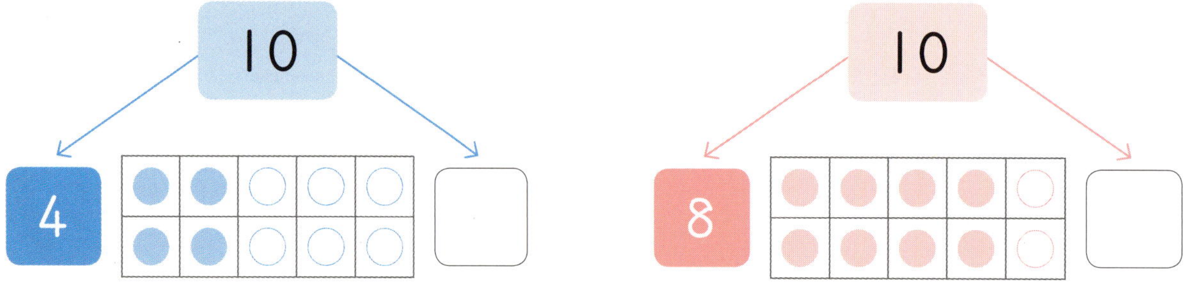

❖ 양쪽 수에 알맞게 두 묶음으로 묶으세요.

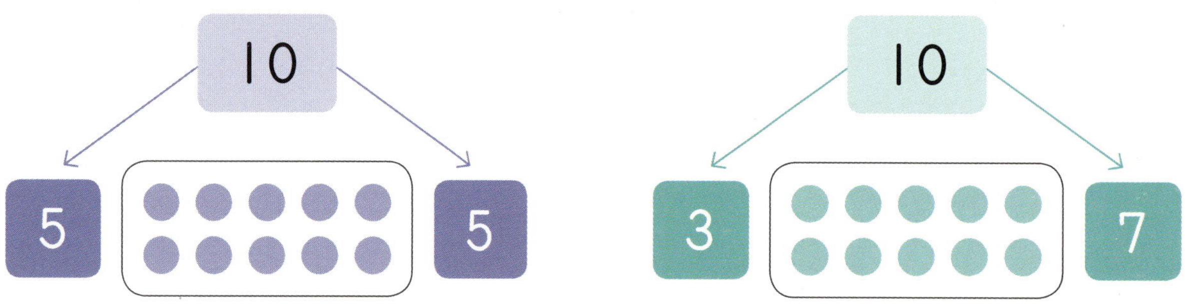

❖ ◯ 안에 동그라미의 수를 각각 쓰고 ☐ 안에 동그라미를 모은 수를 쓰세요.

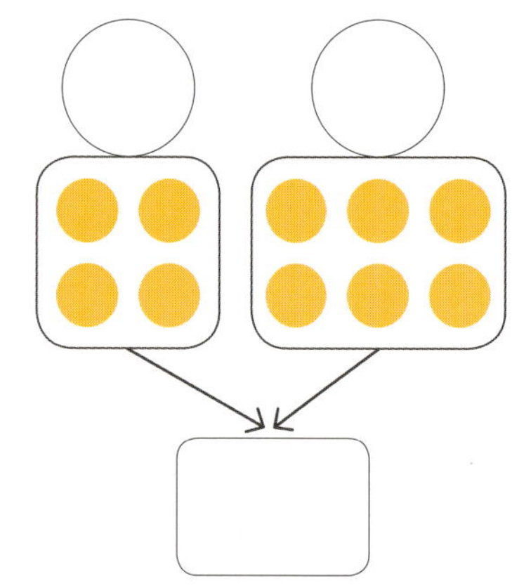

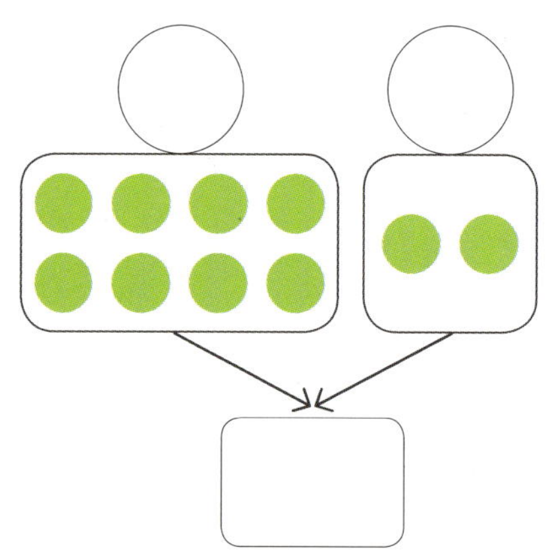

❖ ☐ 안에 알맞은 수를 쓰세요.

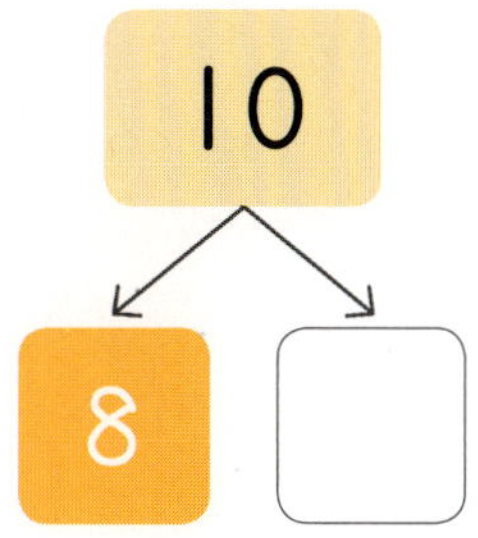
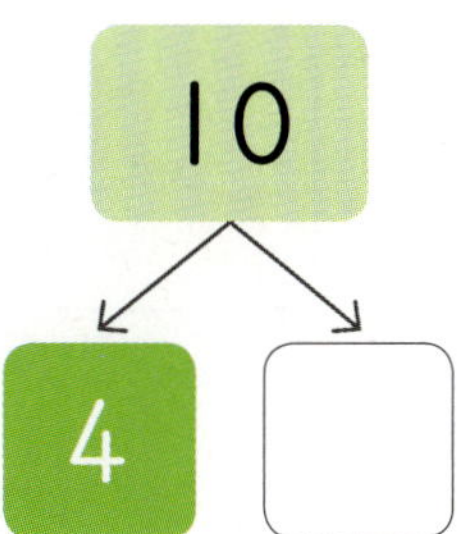
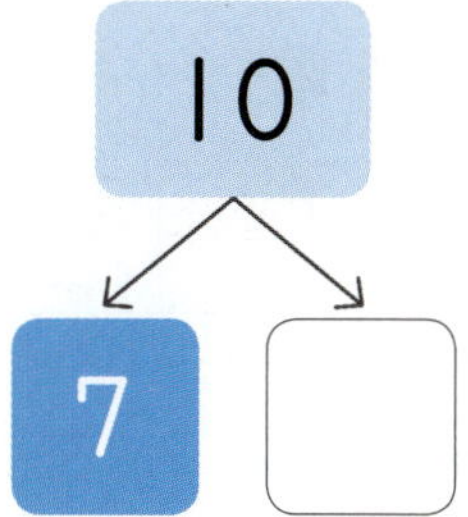

❖ ☐ 안에 알맞은 수를 쓰세요.

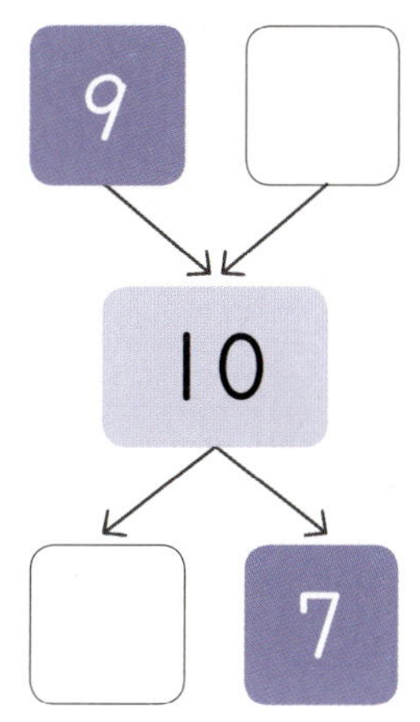
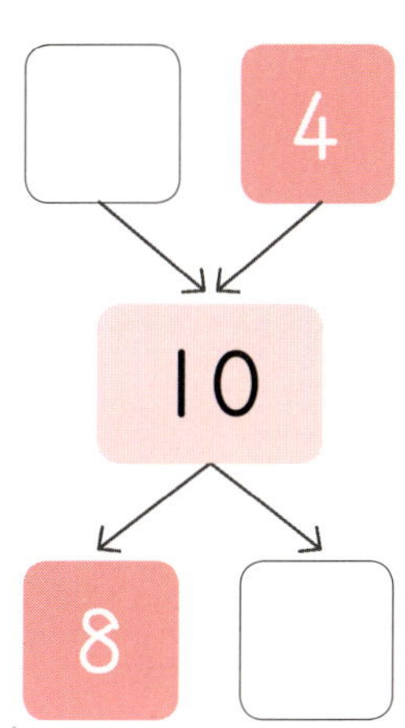
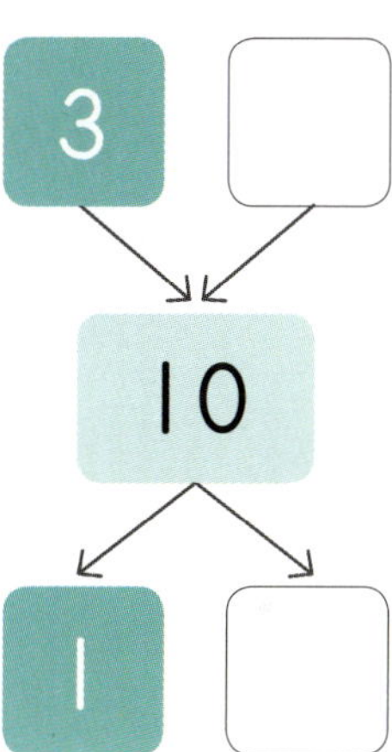

❖ ☐ 안에 알맞은 수를 쓰세요.

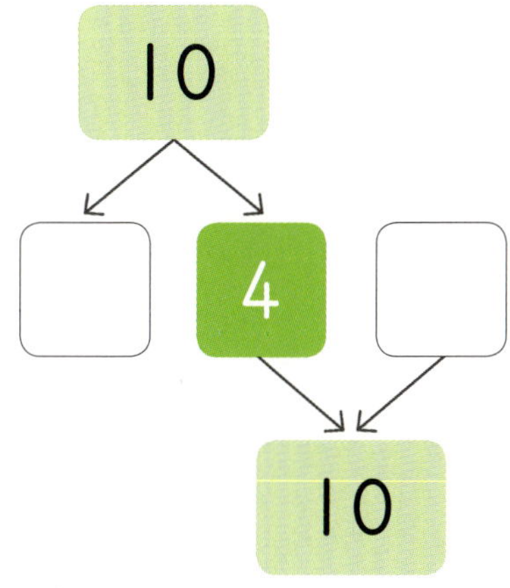
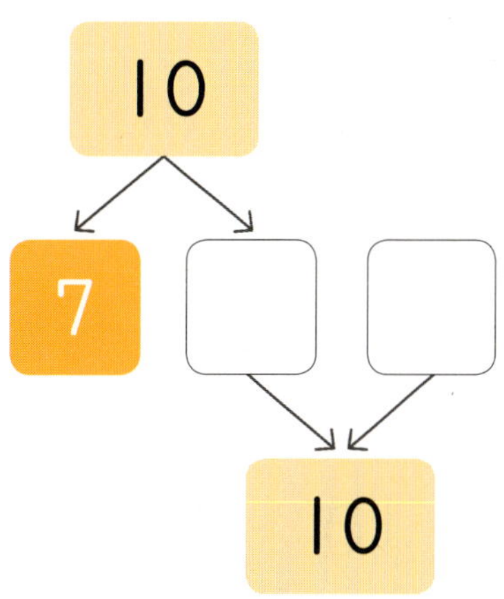

10이 되는 더하기

관련 쪽수: 30~51쪽

❖ 그림을 보고 ☐ 안에 알맞은 수를 쓰세요.

☐ + ☐ = 10

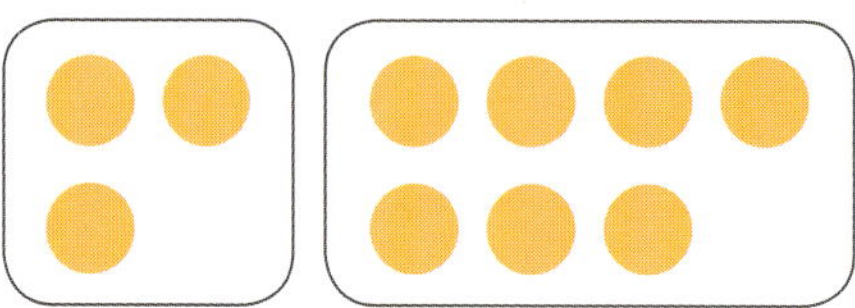

☐ + ☐ = 10

❖ ☐ 안에 알맞은 수를 쓰세요.

6 + ☐ = 10   4 + ☐ = 10

7 + ☐ = 10   3 + ☐ = 10

5 + ☐ = 10   1 + ☐ = 10

☐ + 8 = 10   ☐ + 9 = 10

☐ + 2 = 10   ☐ + 7 = 10

❖ 그림을 보고 ☐ 안에 알맞은 수를 쓰세요.

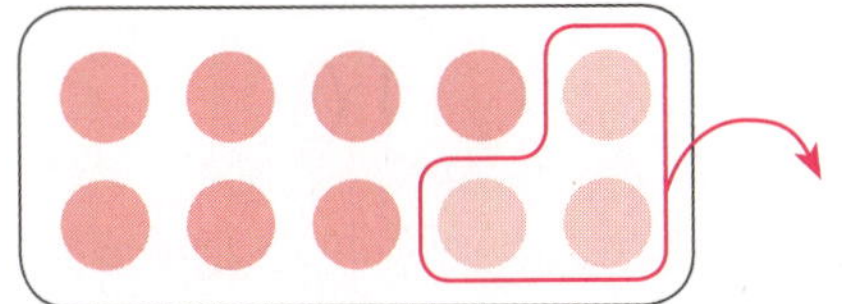

$$10 - 3 = \boxed{}$$

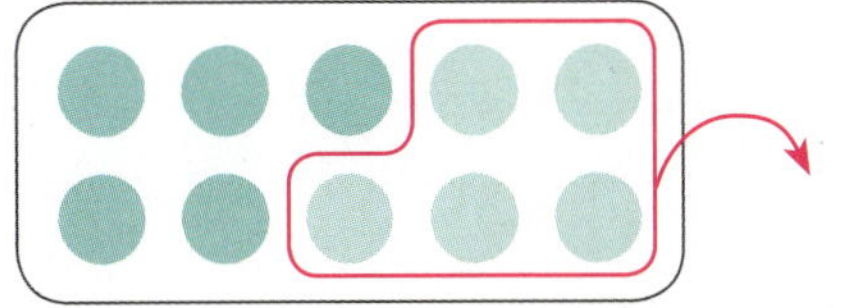

$$10 - 5 = \boxed{}$$

❖ ☐ 안에 알맞은 수를 쓰세요.

$$10 - \boxed{} = 6 \qquad 10 - \boxed{} = 3$$

$$10 - \boxed{} = 1 \qquad 10 - \boxed{} = 8$$

$$10 - \boxed{} = 5 \qquad 10 - \boxed{} = 2$$

$$10 - 9 = \boxed{} \qquad 10 - 4 = \boxed{}$$

$$10 - 7 = \boxed{} \qquad 10 - 8 = \boxed{}$$

세 수로 10 만들기

❖ ☐ 안에 알맞은 수를 쓰세요.

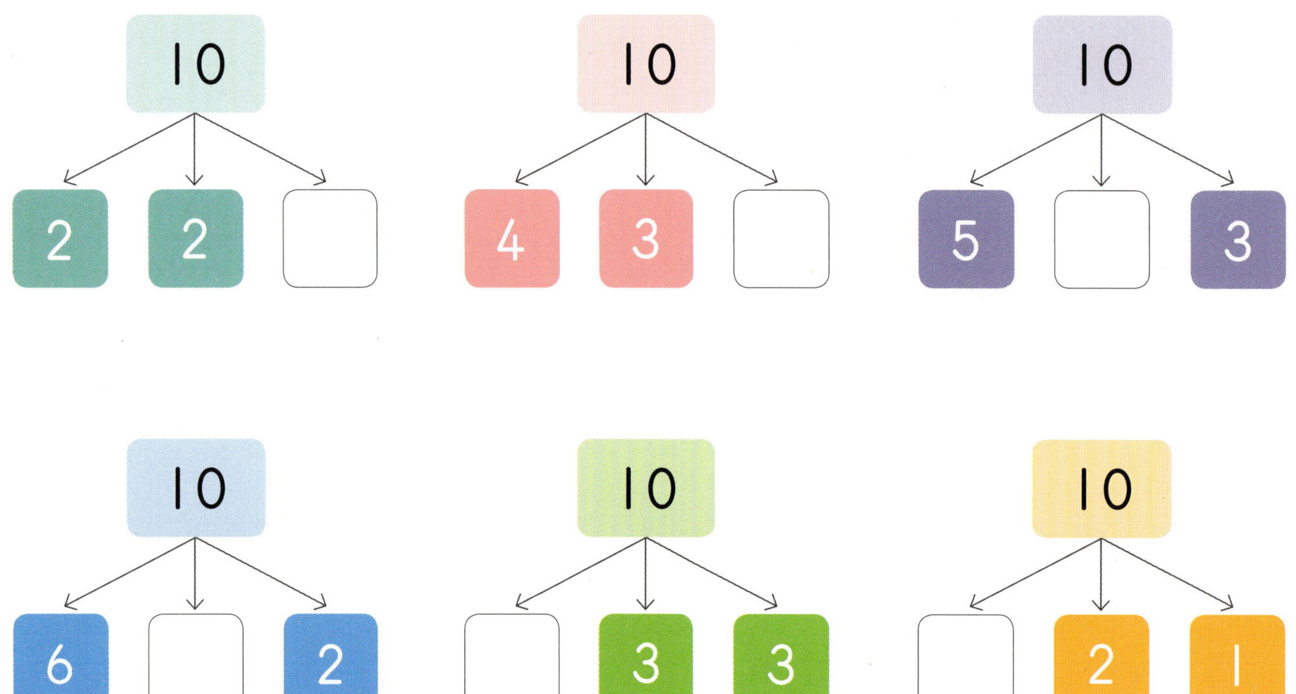

❖ 주어진 수만큼 ●가 세 부분으로 나누어지도록 점선을 따라 나머지 선을 그으세요.

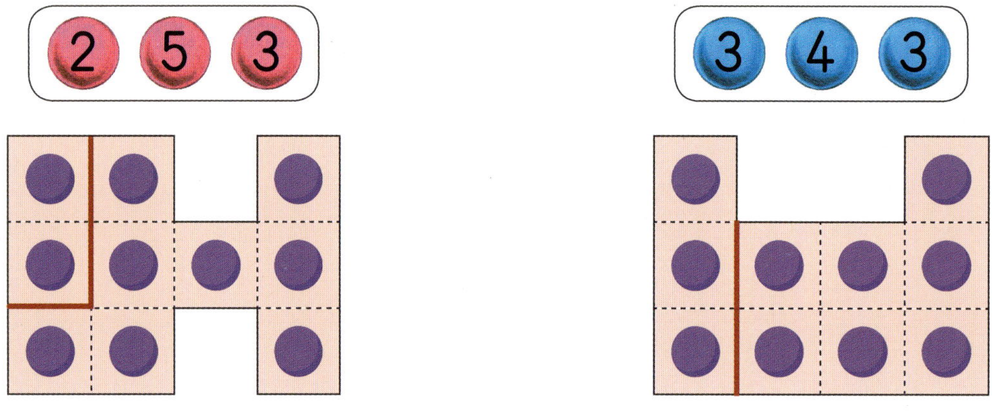

❖ ☐ 안에 알맞은 수를 쓰세요.

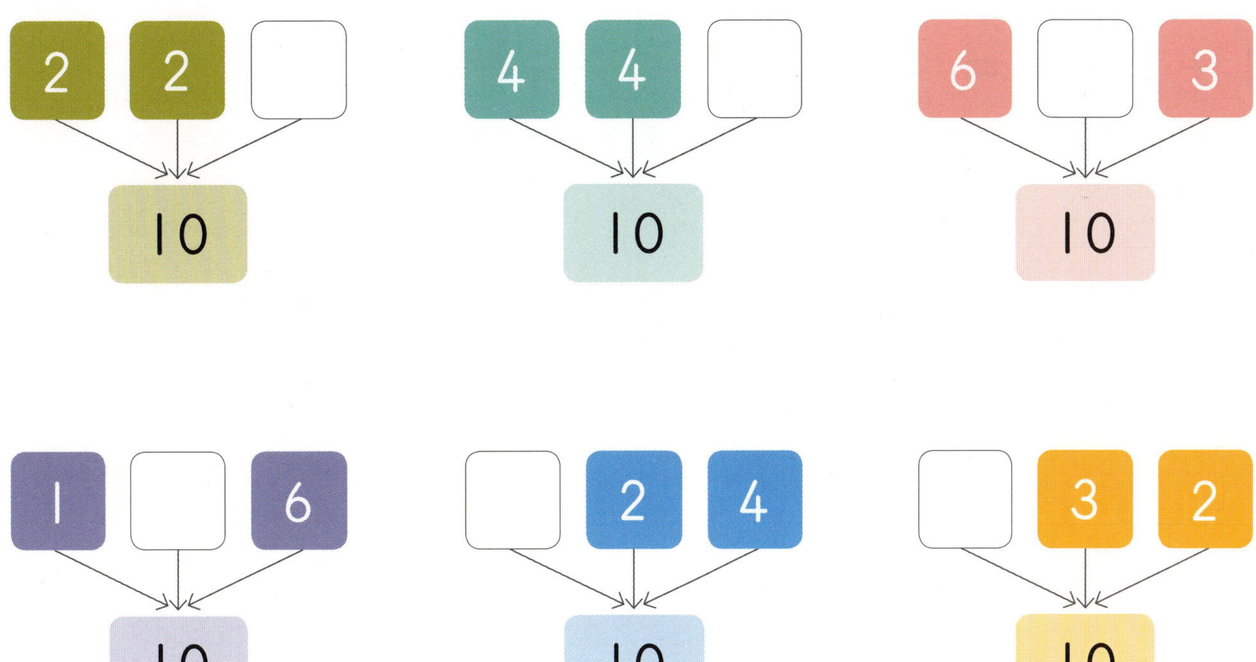

❖ 세 수를 모아 10을 만들려고 해요. 필요 없는 수에 ✕표 하세요.

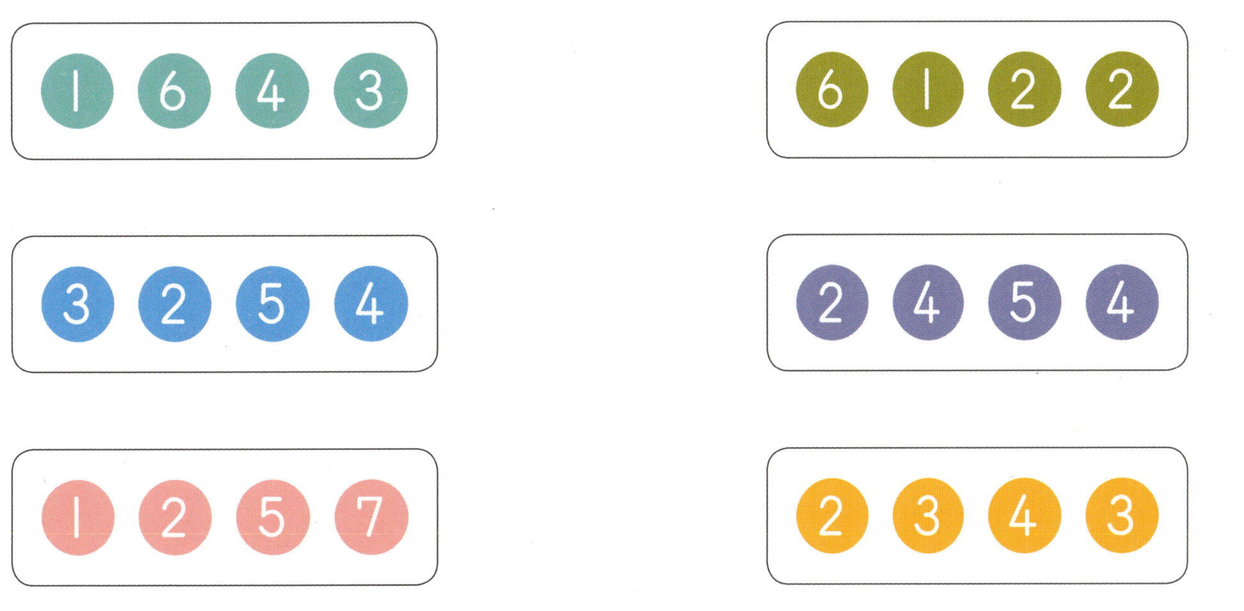

10을 이용한 더하기

관련 쪽수: 78~99쪽

❖ 덧셈을 하세요.

$1 + 2 + 7 = \boxed{}$

$2 + 6 + 2 = \boxed{}$

$3 + 4 + 3 = \boxed{}$

$5 + 1 + 4 = \boxed{}$

$10 + 6 = \boxed{}$

$10 + 7 = \boxed{}$

$9 + 10 = \boxed{}$

$2 + 10 = \boxed{}$

❖ ☐ 안에 알맞은 수를 쓰세요.

$6 + \boxed{} + 7 = 17$

$8 + \boxed{} + 1 = 11$

$3 + \boxed{} + 5 = 13$

$2 + \boxed{} + 7 = 12$

$5 + 1 + \boxed{} = 15$

$5 + 4 + \boxed{} = 15$

162 10개로 모으기

10
11
태경이는 달걀을 모아서 10개가 되도록 달걀판을 연결하고 있어요.
달걀 5개와 5개, 4개와 6개를 모으면 10개가 돼.
두 달걀판의 달걀을 모아서 10개가 되도록 달걀판을 선으로 이으세요.
두 바구니의 달걀을 모아서 10개가 되는 바구니끼리 선으로 이으세요.
바구니 2개를 모아서 달걀 10개를 만들어야 해.
10 연산 B3
10 가르기와 모으기 11

12
13
태경이가 풍선을 모으고 있어요.
6
4
노란 풍선 6개와 파란 풍선 4개를 모으면 풍선은 모두 10개야.
10
◯안에 풍선의 수를 각각 쓰고 ▢안에 풍선을 모은 수를 쓰세요.
5
5
10
8
2
10
7
3
10
4
6
10
◯안에 동그라미의 수를 각각 쓰고 ▢안에 동그라미를 모은 수를 쓰세요.
2
8
10
2와 8을 모으면 10이야.
3
7
10
6
4
10
5
5
10
9
1
10
공부한 날
월
일
12 연산 B3
10 가르기와 모으기 13

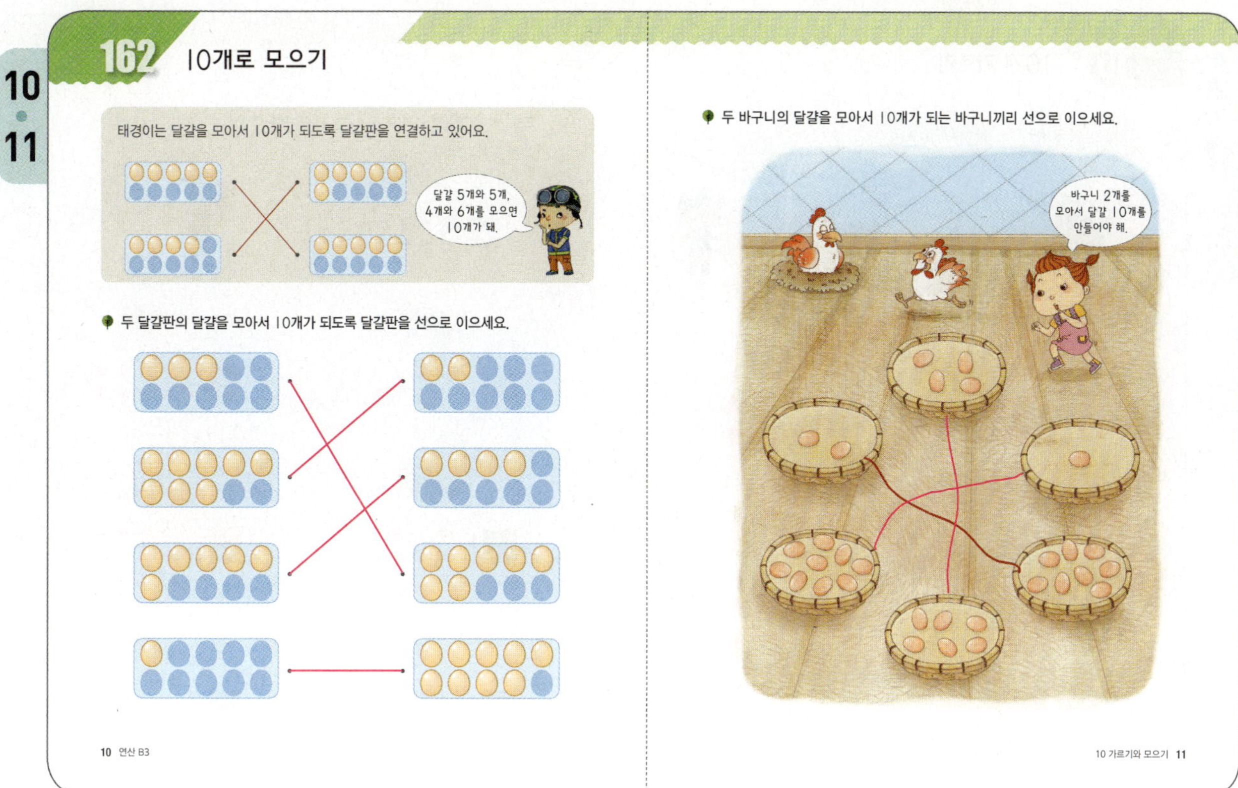

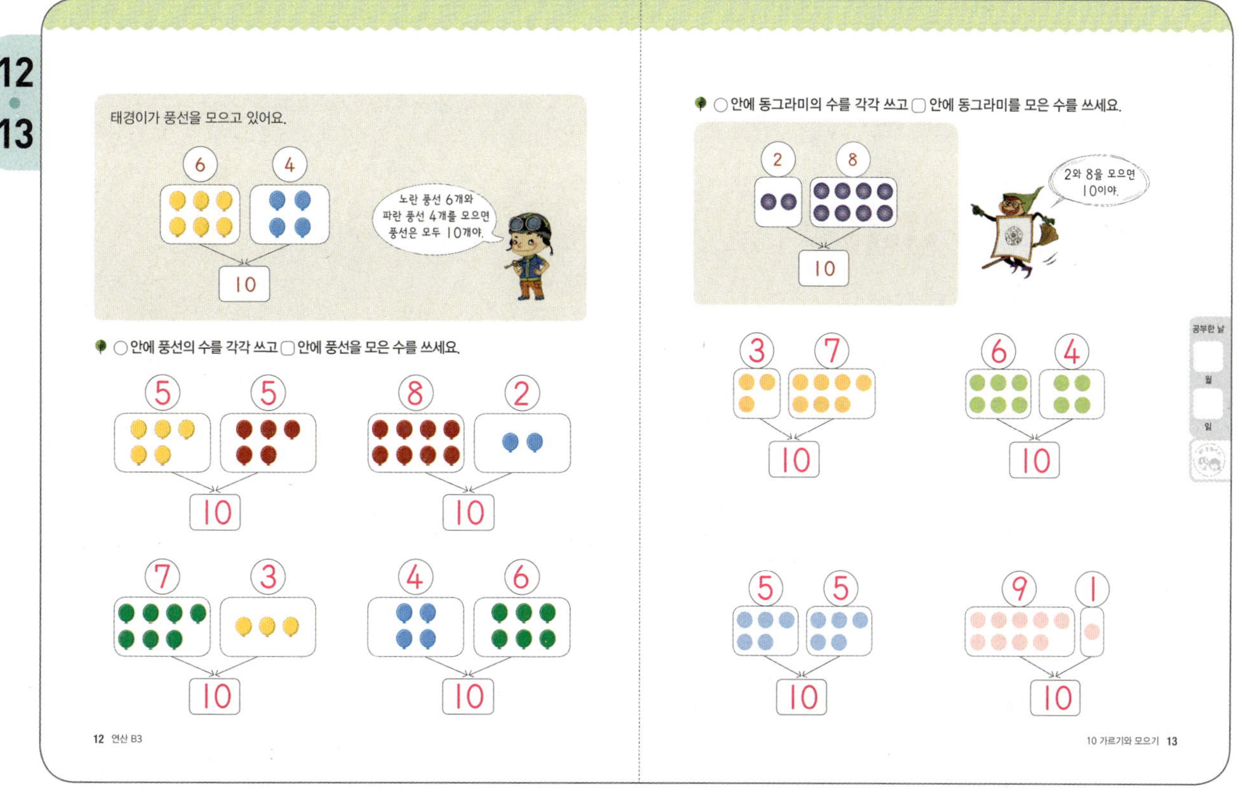

161 10개 가르기

6
7
태경이가 달걀판에 달걀을 채우고 있어요.
내가 달걀 4개를 먹었어.
10
6
4
달걀 4개를 다시 채우면 10개가 돼.
빈 곳을 색칠해 달걀판을 채우고 ◯ 안에 색칠한 수를 쓰세요.
10
5 5
10
8 2
10
7 3
10
4 6
빈 곳을 색칠해 10칸을 채우고 ◯ 안에 색칠한 수를 쓰세요.
10
8 2
10을 8과 2로 갈랐어.
10
9 1
10
3 7
10
6 4
10
2 8
10
5 5
10
7 3
6 연산 B3
10 가르기와 모으기 7

8
9
지오와 요괴는 사과를 나누어 가지려고 해요.
나는 사과 3개를 가질 거야.
10
3 7
그럼 내가 사과 7개를 먹을 수 있겠군.
양쪽 수에 알맞게 과일을 두 묶음으로 묶으세요.
10
2 8
10
5 5
10
6 4
10
8 2
10
7 3
10
4 6
8 연산 B3

양쪽 수에 알맞게 두 묶음으로 묶으세요.
10
7 3
10을 7과 3으로 갈랐어.
10
4 6
10
3 7
10
8 2
10
1 9
10
5 5
10
2 8
공부한 날
월
일
10 가르기와 모으기 9

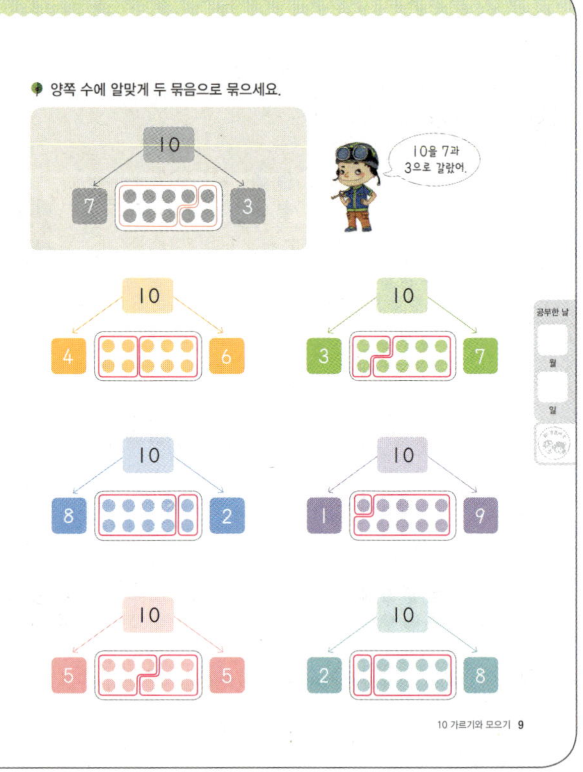

163 수 가르기

지오는 고리 던지기 놀이를 하고 있어요.
고리 10개 중 4개는 기둥에 꽂았고 6개는 꽂지 못했어.
10
4 6
안에 알맞은 수를 쓰세요.
10
3 7
10은 3과 7로 가를 수 있어.
기둥에 꽂힌 고리와 꽂히지 않은 고리를 각각 세어 안에 쓰세요.
10
5 5
10
3 7
10
7 3
10
1 9
10
6 4
10
5 5
10
8 2
10
4 6
10
3 7
10
7 3
10
2 8
10
9 1

열기구가 나무에 묶여 있어요.
10은 3과 7로 가를 수 있어.
10
4 3 7
3 7
안에 알맞은 수를 쓰세요.
10
5 5
10은 5와 5로 가를 수 있어.
10을 가른 두 수를 찾아 선으로 이으세요.
10
8 2 4
10
9 3 1
10
5 4 5
10
5 6 4
10
8 2
10
6 4
10
3 7
10
7 3
10
1 9
10
5 5
10
2 8
10
9 1
10
4 6

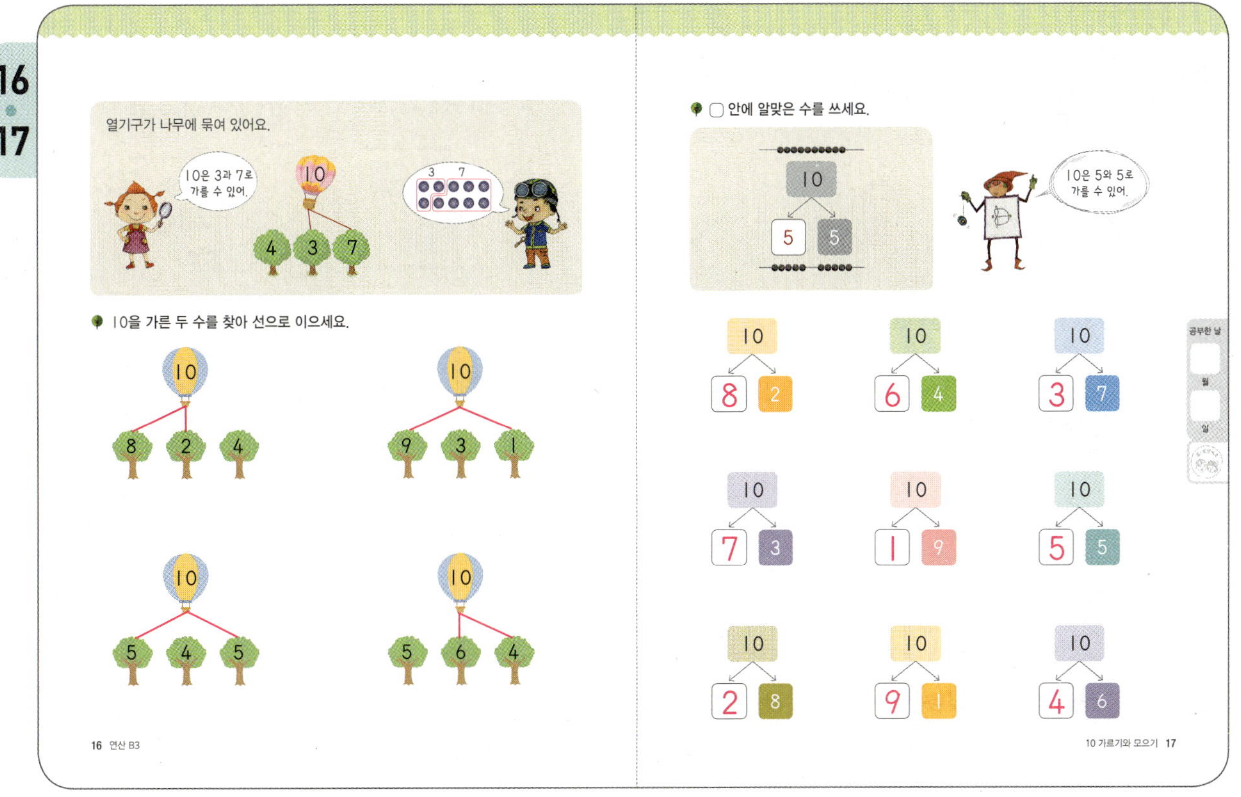

164 수 모으기

화분에 빨간 꽃과 노란 꽃이 심어져 있어요.
6
4
10
빨간 꽃 6송이와
노란 꽃 4송이를 모으면
모두 10송이.
빨간 꽃과 노란 꽃을 각각 세어 ☐ 안에 쓰세요.
5 5
10
2 8
10
7 3
10
☐ 안에 알맞은 수를 쓰세요.
4 6
10
10이 되려면
4와 6을
모으면 돼
3 7
10
8 2
10
2 8
10
9 1
10
6 4
10
4 6
10
5 5
10
1 9
10
7 3
10

지오는 모아서 10이 되는 두 수끼리 선으로 이었어요.
10
1 7
2 8
3 9
모아서 10이 되는
두 수는 (1, 9), (2, 8),
(3, 7), (4, 6), (5, 5), (6, 4),
(7, 3), (8, 2), (9, 1)
모아서 10이 되는 두 수를 찾아 선으로 이으세요.
10
3 4
5 5
6 7
10
9 3
7 2
8 1
10
4 8
2 6
5 5
10
6 7
1 4
3 9
☐ 안에 알맞은 수를 쓰세요.
5 5
10
5와 5를 모으면
10이야.
Moixa
2 8
10
9 1
10
7 3
10
3 7
10
8 2
10
4 6
10
1 9
10
6 4
10
5 5
10
공부한 날
월
일

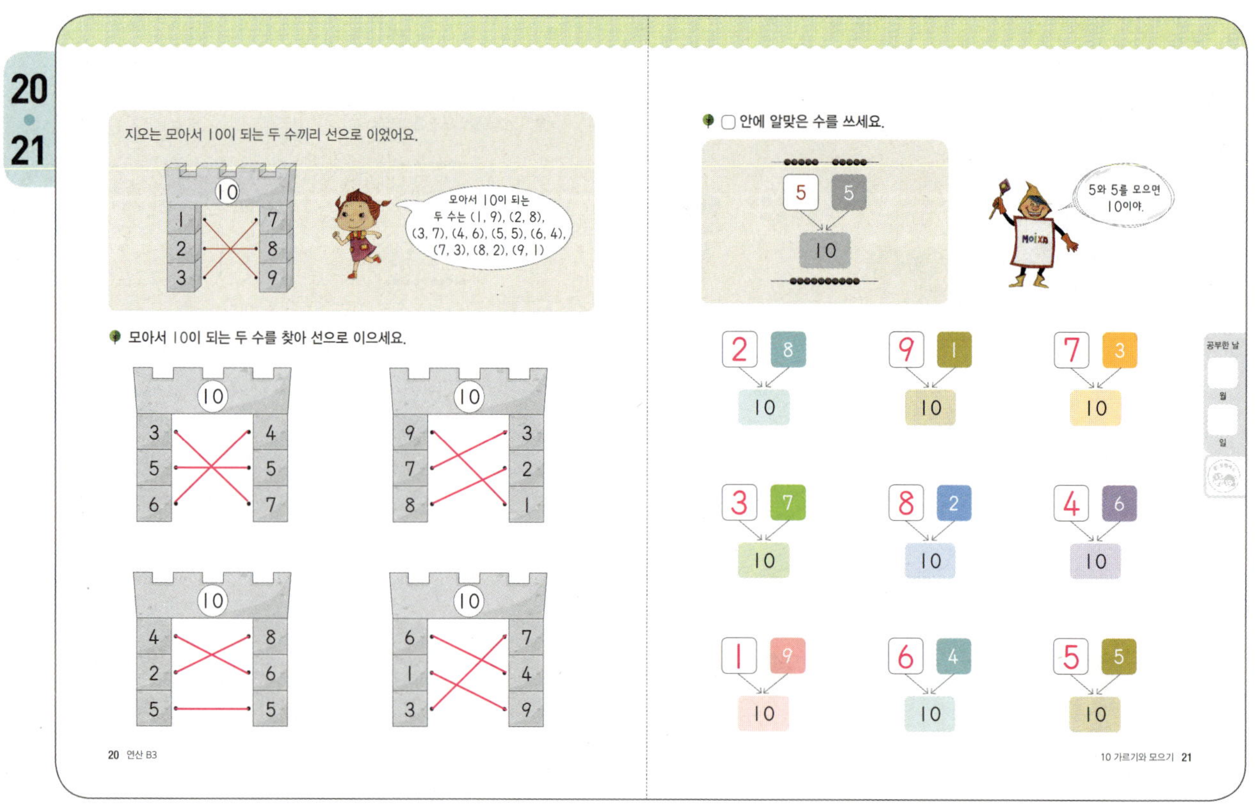

165 10 가르고 모으기

물고기가 물길을 따라 내려가고 있어요.

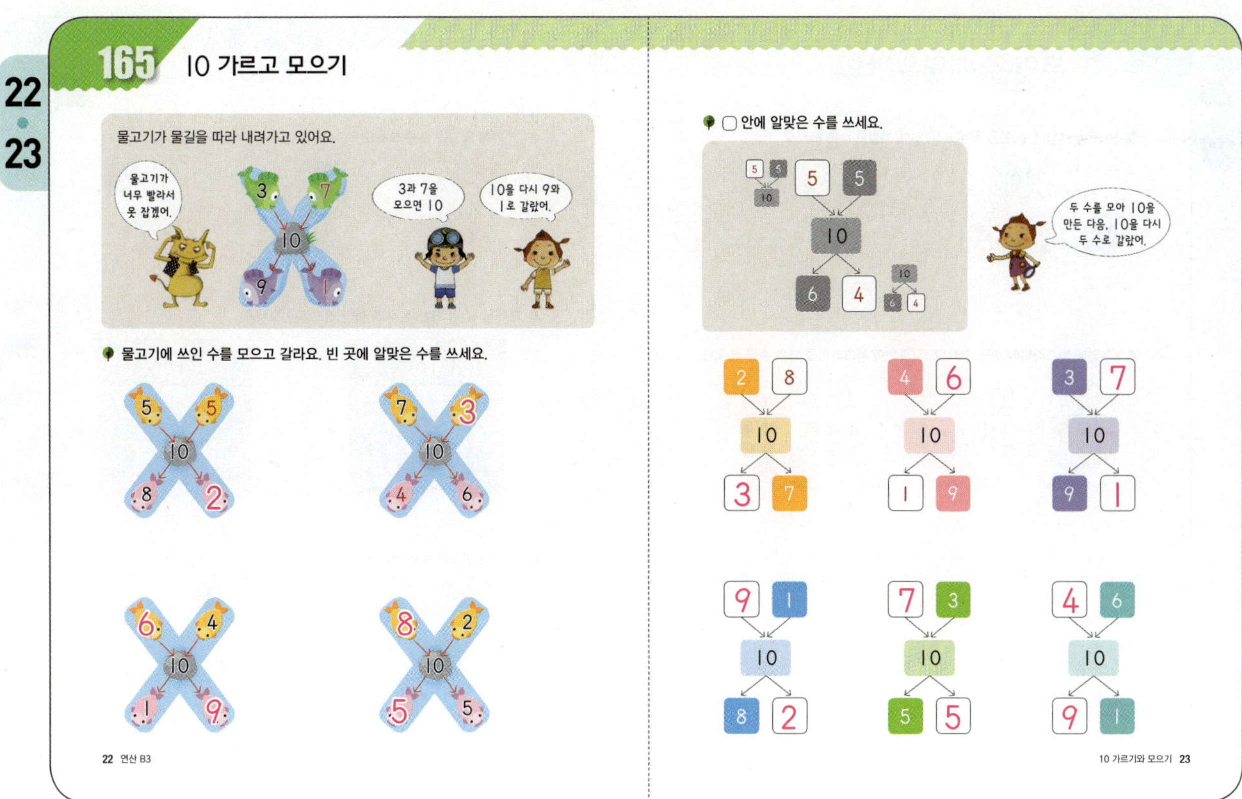

🌱 물고기에 쓰인 수를 모으고 갈라요. 빈 곳에 알맞은 수를 쓰세요.

🌱 ☐ 안에 알맞은 수를 쓰세요.

태경이가 구슬을 가르고 다시 모으고 있어요.

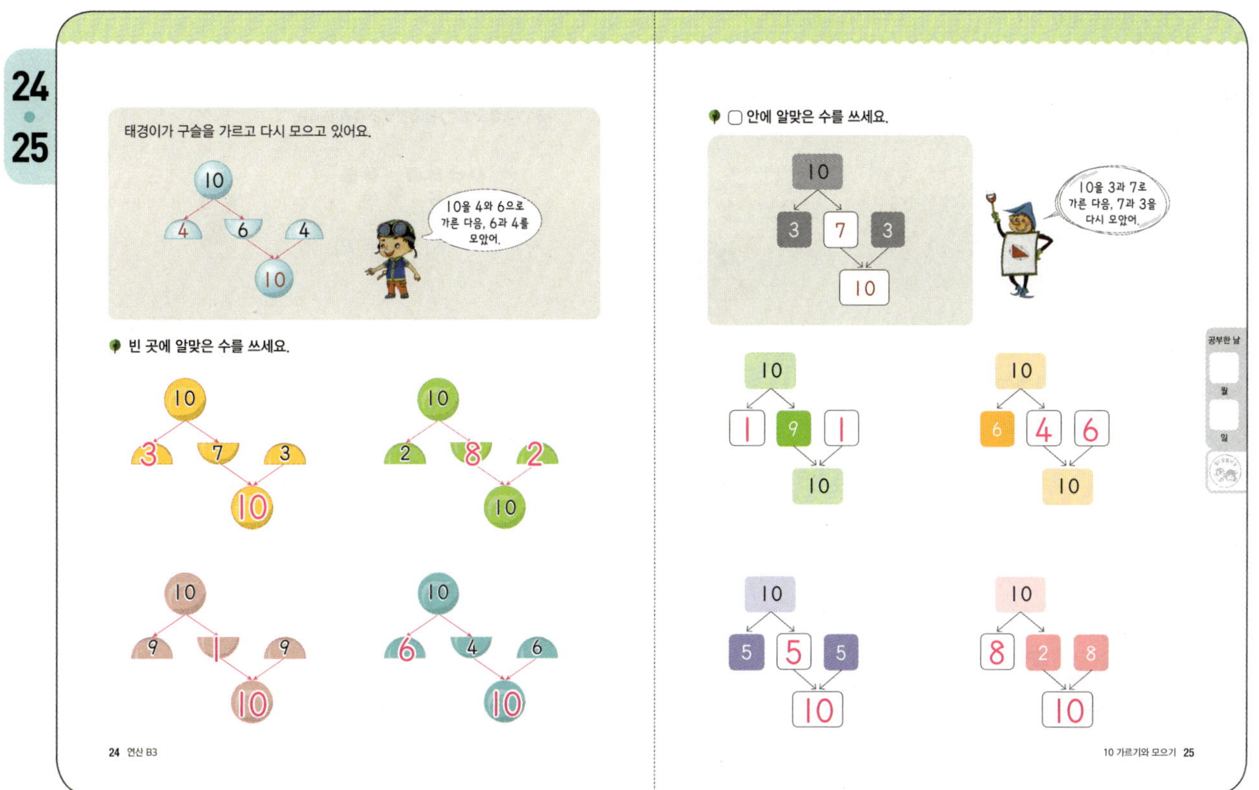

🌱 빈 곳에 알맞은 수를 쓰세요.

🌱 ☐ 안에 알맞은 수를 쓰세요.

공부한 날

월

일

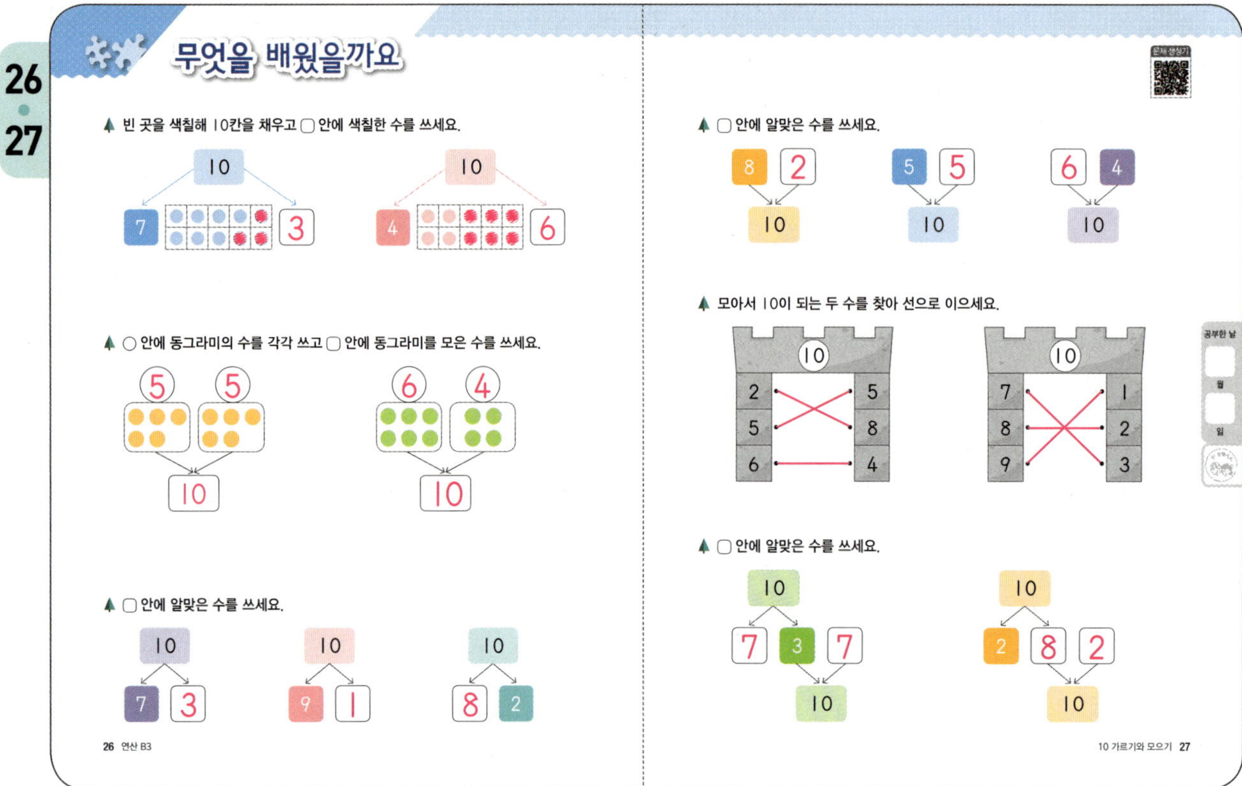
26
27
무엇을 배웠을까요
빈 곳을 색칠해 10칸을 채우고 ☐ 안에 색칠한 수를 쓰세요.
10
7 3
10
4 6
○ 안에 동그라미의 수를 각각 쓰고 ☐ 안에 동그라미를 모은 수를 쓰세요.
5 5
10
6 4
10
☐ 안에 알맞은 수를 쓰세요.
10
7 3
10
9 1
10
8 2
26 연산 B3
☐ 안에 알맞은 수를 쓰세요.
8 2
10
5 5
10
6 4
10
모아서 10이 되는 두 수를 찾아 선으로 이으세요.
10
2 5
5 8
6 4
10
7 1
8 2
9 3
☐ 안에 알맞은 수를 쓰세요.
10
7 3 7
10
10
2 8 2
10
공부한 날
월
일
10 가르기와 모으기 27

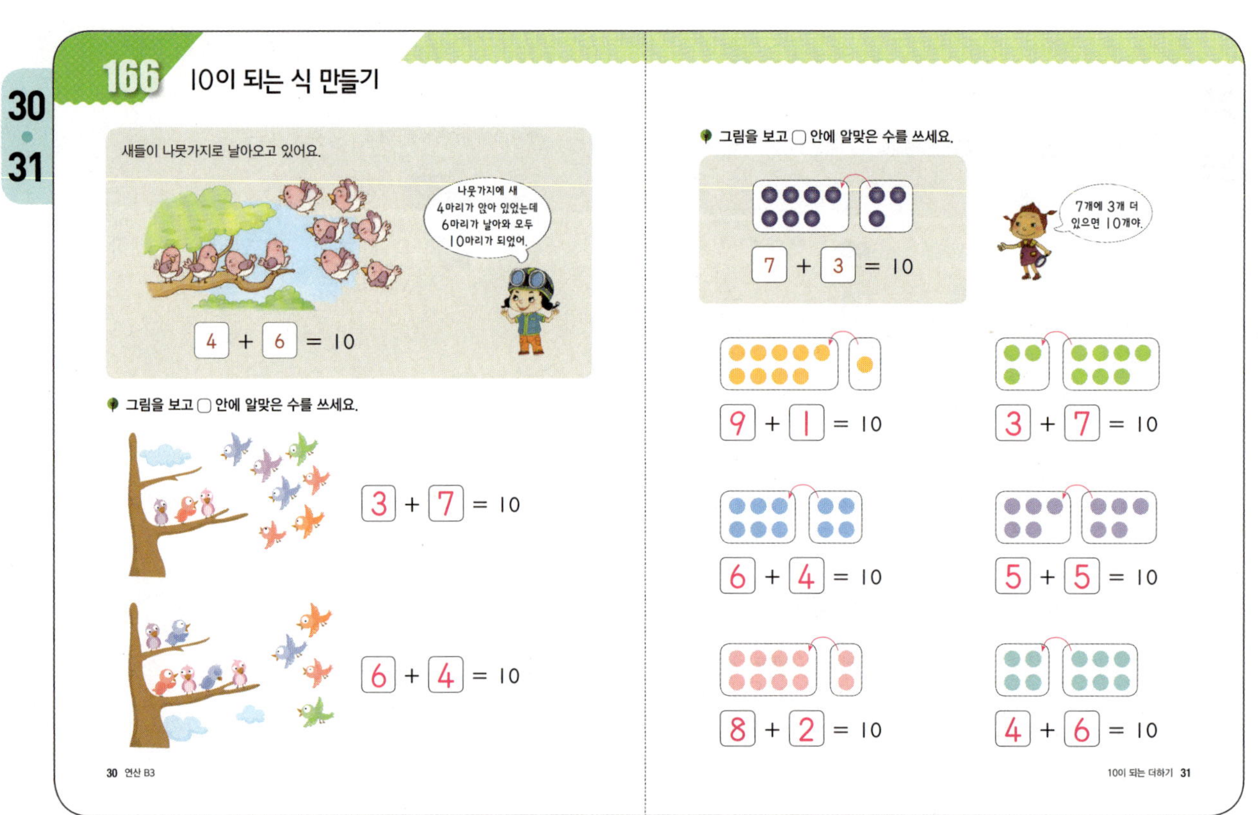
30
31
166 10이 되는 식 만들기
새들이 나뭇가지로 날아오고 있어요.
나뭇가지에 새 4마리가 앉아 있었는데 6마리가 날아와 모두 10마리가 되었어.
4 + 6 = 10
그림을 보고 ☐ 안에 알맞은 수를 쓰세요.
3 + 7 = 10
6 + 4 = 10
30 연산 B3
그림을 보고 ☐ 안에 알맞은 수를 쓰세요.
7개에 3개 더 있으면 10개야.
7 + 3 = 10
9 + 1 = 10
3 + 7 = 10
6 + 4 = 10
5 + 5 = 10
8 + 2 = 10
4 + 6 = 10
10이 되는 더하기 31

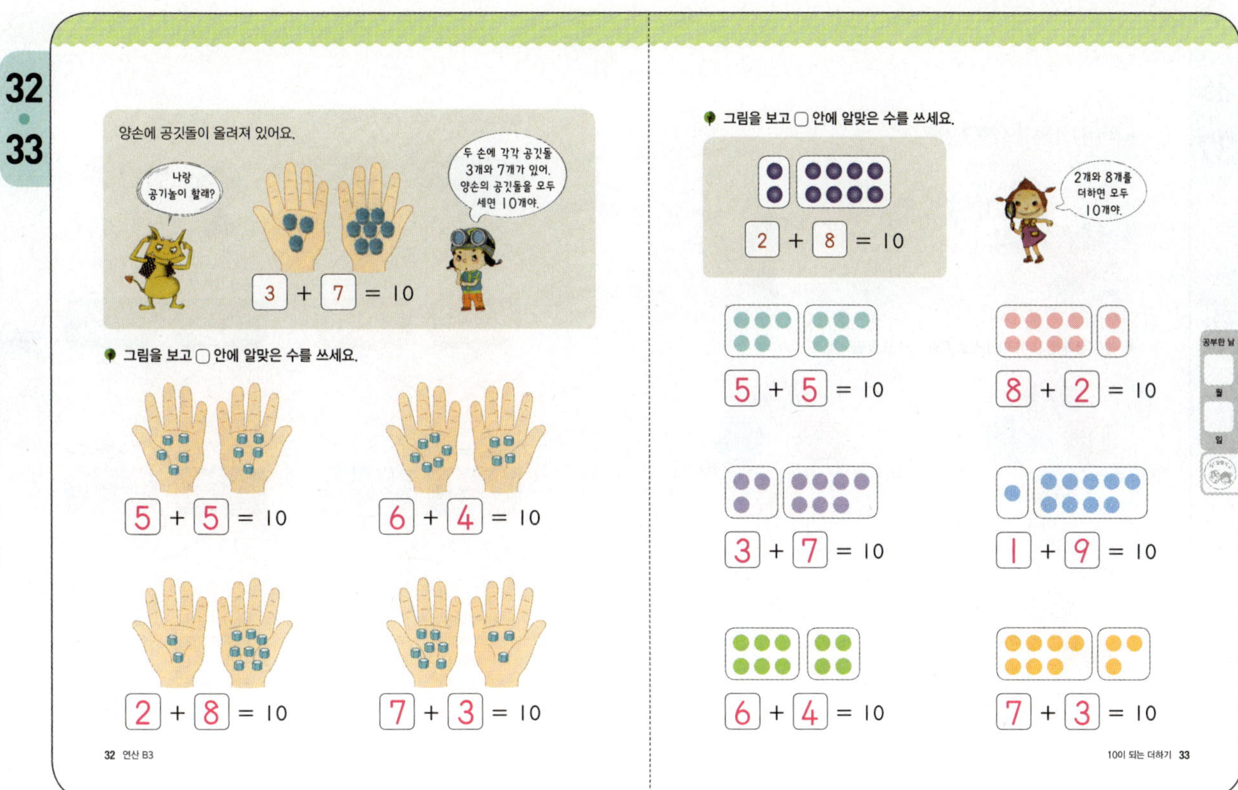

167 10이 되는 더하기

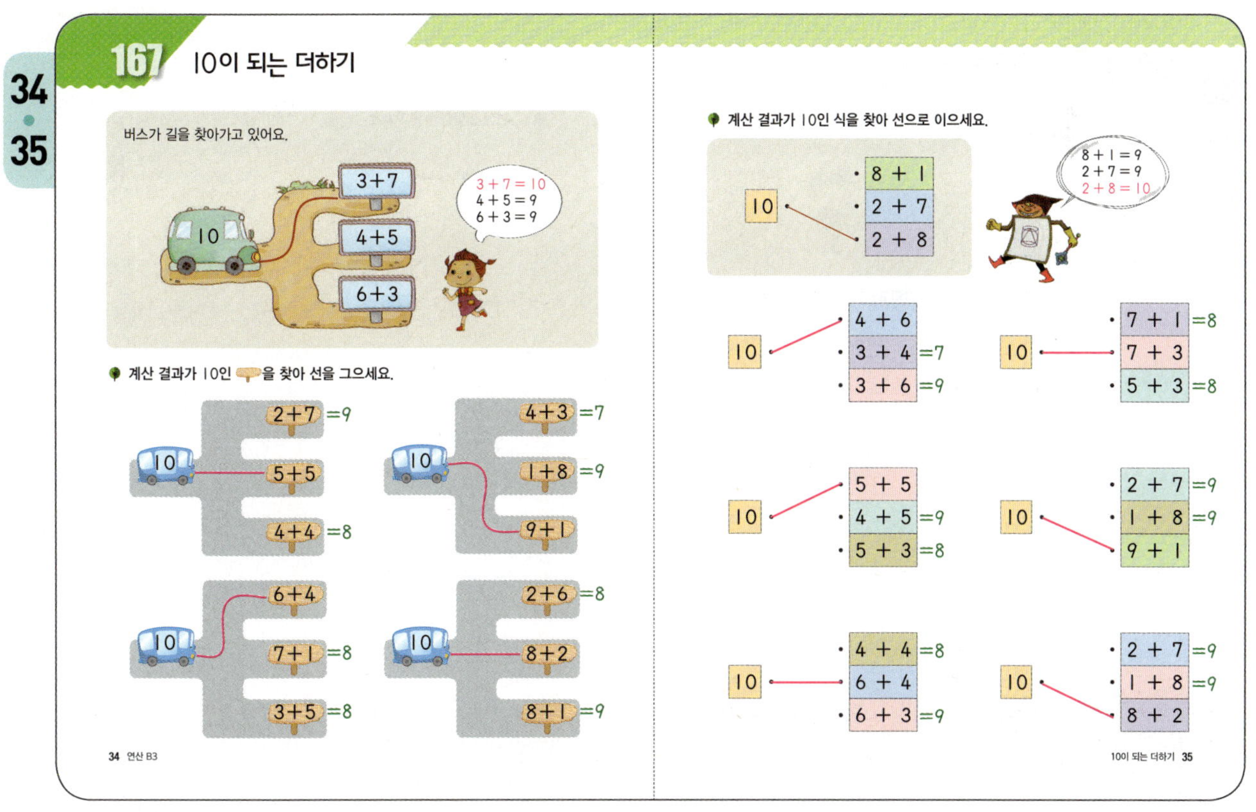

연산력 수학 노크 정답

36
37
편지 봉투에 풍선들이 매달려 있어요.
더해서 10이 안 되는 풍선은 끊어야 해. 흑흑~
2+8=10
5+3=8
9+1=10
5+3
2+8
9+1
10
계산 결과가 10이 아닌 식을 찾아 /로 줄을 끊으세요.
3+7
3+6
8+2
3+6=9
10
4+6
1+9
2+7
2+7=9
10
2+6
6+4
5+5
2+6=8
10
2+8
7+3
4+4
4+4=8
10
올바르지 않은 식에 ✕표 하세요.
3+6=10
6+4=10
3+4=7이니까 잘못된 식이야.
8+1=9
1+9=10
8+1=10
6+3=9
6+3=10
5+5=10
5+4=9
5+4=10
4+6=10
5+2=7
8+2=10
5+2=10
7+1=8
7+1=10
3+7=10
4+5=9
9+1=10
4+5=10
공부한 날
월
일
36 연산 B3
10이 되는 더하기 37

38
39
168 ☐가 있는 더하기
구슬들이 실에 꿰어 있어요.
7 + 3 = 10
10개가 되려면 7개에 3개를 더 그리면 돼.
구슬이 10개가 되도록 빈칸에 ◯를 그리고 ☐ 안에 알맞은 수를 쓰세요.
5 + 5 = 10
8 + 2 = 10
9 + 1 = 10
6 + 4 = 10
3 + 7 = 10
2 + 8 = 10
☐ 안에 알맞은 수를 쓰세요.
6 + 4 = 10
더해서 10이 되는 두 수를 외우면 편해.
1 + 9 = 10
4 + 6 = 10
7 + 3 = 10
2 + 8 = 10
5 + 5 = 10
9 + 1 = 10
3 + 7 = 10
8 + 2 = 10
38 연산 B3
10이 되는 더하기 39

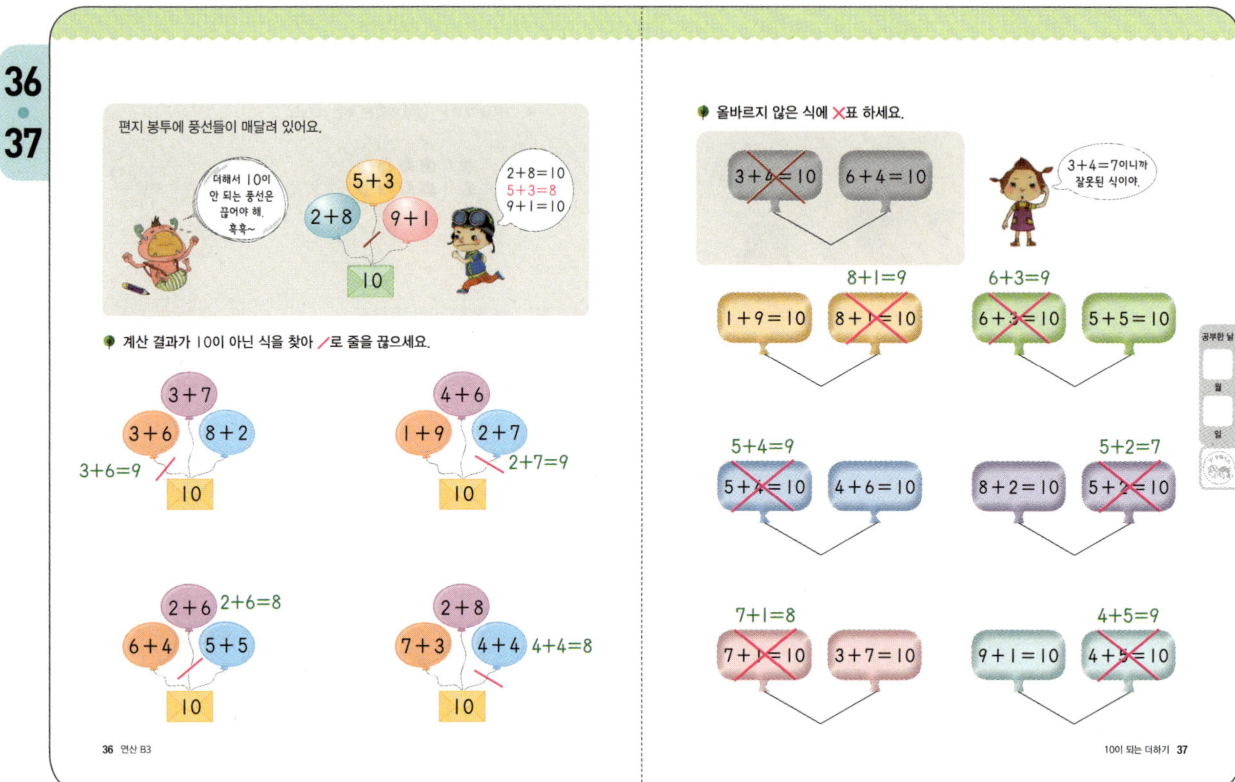

콩 10개가 주머니 2개에 나누어져 있어요.
10개가 되려면 2개가 더 필요해.
2 + 8 = 10
콩이 모두 10개가 되도록 빈 주머니에 ○를 그리고 ☐ 안에 알맞은 수를 쓰세요.
3 + 7 = 10
1 + 9 = 10
5 + 5 = 10
4 + 6 = 10
☐ 안에 알맞은 수를 쓰세요.
9 + 1 = 10
9와 1을 더하면 10이야.
4 + 6 = 10
2 + 8 = 10
8 + 2 = 10
3 + 7 = 10
5 + 5 = 10
7 + 3 = 10
6 + 4 = 10
1 + 9 = 10

169 10에서 빼기

새들이 나뭇가지에서 날아가고 있어요.
새 10마리가 나뭇가지에 앉아 있었는데 6마리가 날아가 4마리가 남았어.
10 − 6 = 4
그림을 보고 ☐ 안에 알맞은 수를 쓰세요.
10 − 5 = 5
10 − 7 = 3
그림을 보고 ☐ 안에 알맞은 수를 쓰세요.
10 − 5 = 5
10개에서 5개를 빼면 5개가 남아.
10 − 3 = 7
10 − 6 = 4
10 − 2 = 8
10 − 4 = 6
10 − 9 = 1
10 − 8 = 2

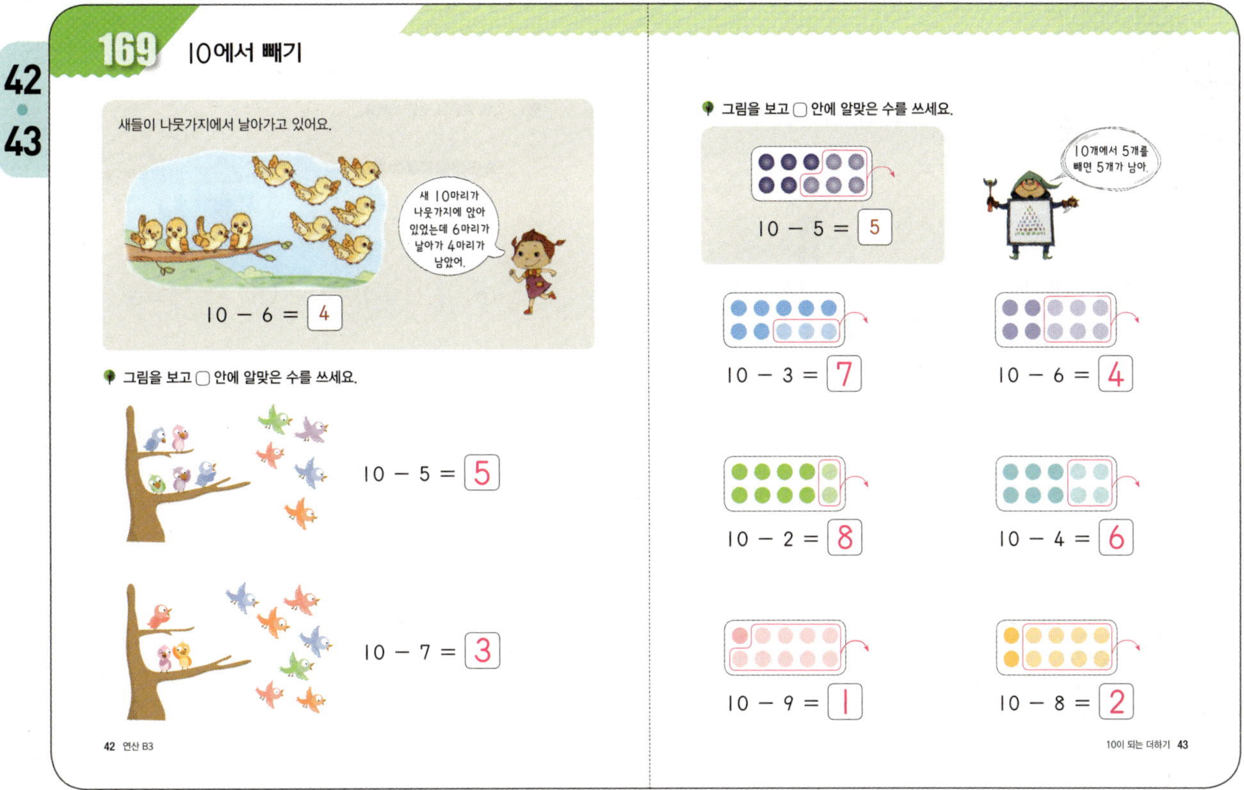

44 · 45

태경이는 공깃돌을 짝짓고 있어요.

$10 - 5 = 5$

🌱 그림을 보고 뺄셈을 하세요.

$10 - 6 = 4$

$10 - 2 = 8$

$10 - 7 = 3$

$10 - 4 = 6$

🌱 ⬤와 ▢를 하나씩 짝짓고 뺄셈을 하세요.

$10 - 6 = 4$

$10 - 3 = 7$ $10 - 8 = 2$

$10 - 1 = 9$ $10 - 4 = 6$

$10 - 9 = 1$ $10 - 5 = 5$

공부한 날
월
일

---

46 · 47

170 ▢가 있는 빼기

태경이는 주머니에 써 있는 수만큼 남도록 구슬을 지우고 있어요.

6

$10 - 4 = 6$

🌱 주머니에 적힌 수만큼 구슬이 남도록 /로 지우고 ▢ 안에 알맞은 수를 쓰세요.

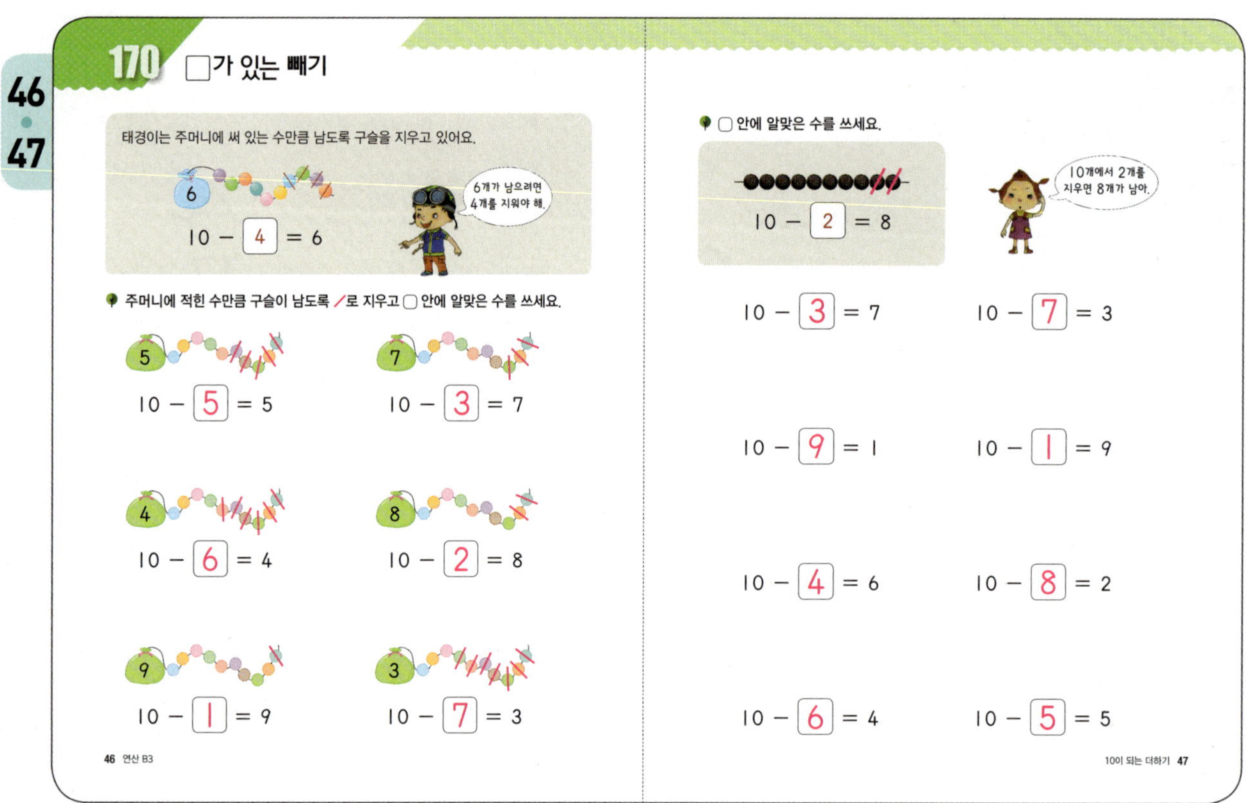

5
$10 - 5 = 5$

7
$10 - 3 = 7$

4
$10 - 6 = 4$

8
$10 - 2 = 8$

9
$10 - 1 = 9$

3
$10 - 7 = 3$

🌱 ▢ 안에 알맞은 수를 쓰세요.

$10 - 2 = 8$

$10 - 3 = 7$ $10 - 7 = 3$

$10 - 9 = 1$ $10 - 1 = 9$

$10 - 4 = 6$ $10 - 8 = 2$

$10 - 6 = 4$ $10 - 5 = 5$

🌳 ☐ 안에 들어갈 수를 찾아 선으로 이으세요.

🌳 ☐ 안에 알맞은 수를 쓰세요.

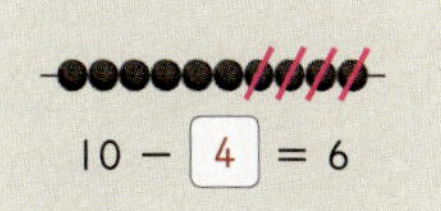

$10 - 4 = 6$

$10 - 8 = 2$ $10 - 5 = 5$

$10 - 4 = 6$ $10 - 6 = 4$

$10 - 2 = 8$ $10 - 9 = 1$

$10 - 7 = 3$ $10 - 3 = 7$

무엇을 배웠을까요

🌲 그림을 보고 ☐ 안에 알맞은 수를 쓰세요.

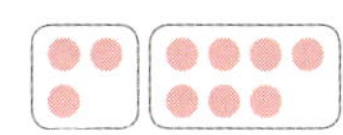

$3 + 7 = 10$ $1 + 9 = 10$

🌲 ☐ 안에 알맞은 수를 쓰세요.

$7 + 3 = 10$ $2 + 8 = 10$

$6 + 4 = 10$ $9 + 1 = 10$

🌲 계산 결과가 10인 🚌 을 찾아 선을 그으세요.

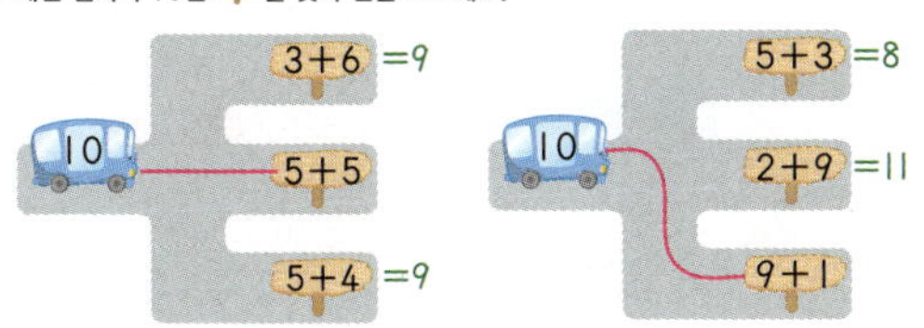

🌲 ☐ 안에 알맞은 수를 쓰세요.

$10 - 7 = 3$ $10 - 2 = 8$

$10 - 6 = 4$ $10 - 5 = 5$

🌲 올바르지 않은 식에 ✗표 하세요.

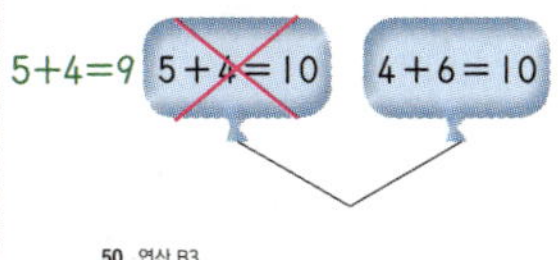

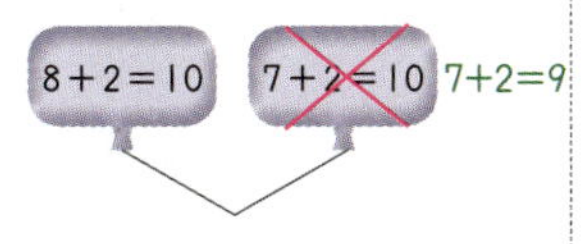

🌲 주머니에 적힌 수만큼 구슬이 남도록 ╱로 지우고 ☐ 안에 알맞은 수를 쓰세요.

$10 - 6 = 4$ $10 - 2 = 8$

정답 **11**

171 세 수 가르기

54·55

56·57

172 영역 나누기

지오가 오리들을 세 부분으로 나누었어요.

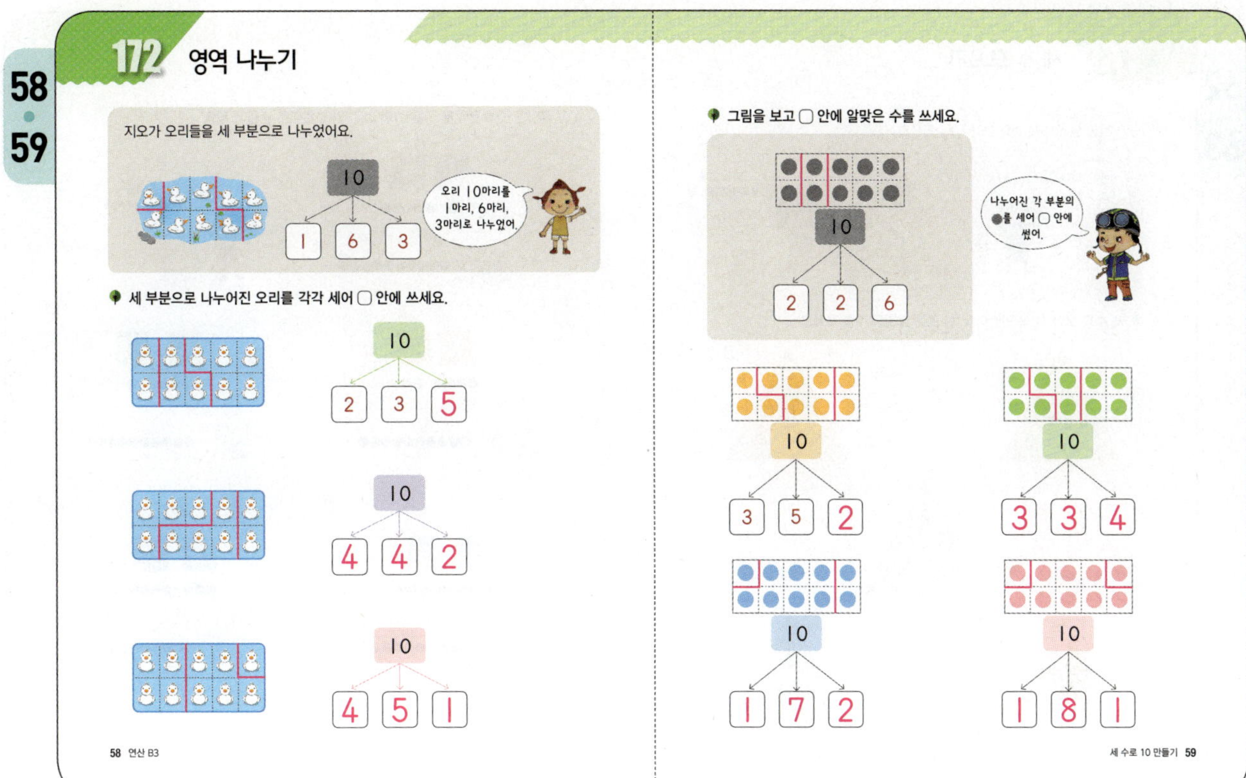

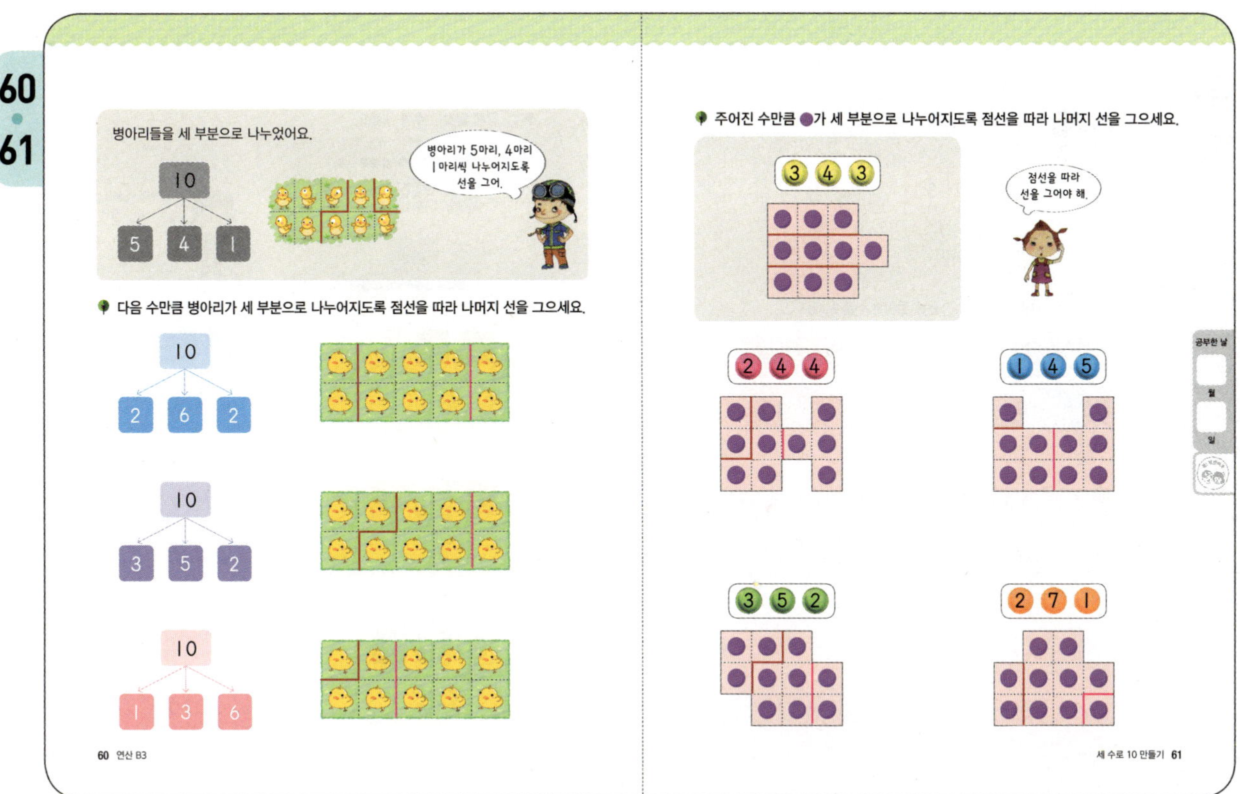

정답 **13**

173 세 수 모으기

62 · 63

62 연산 B3   세 수로 10 만들기 63

64 · 65

64 연산 B3   세 수로 10 만들기 65

174 세 수 모아 10 만들기

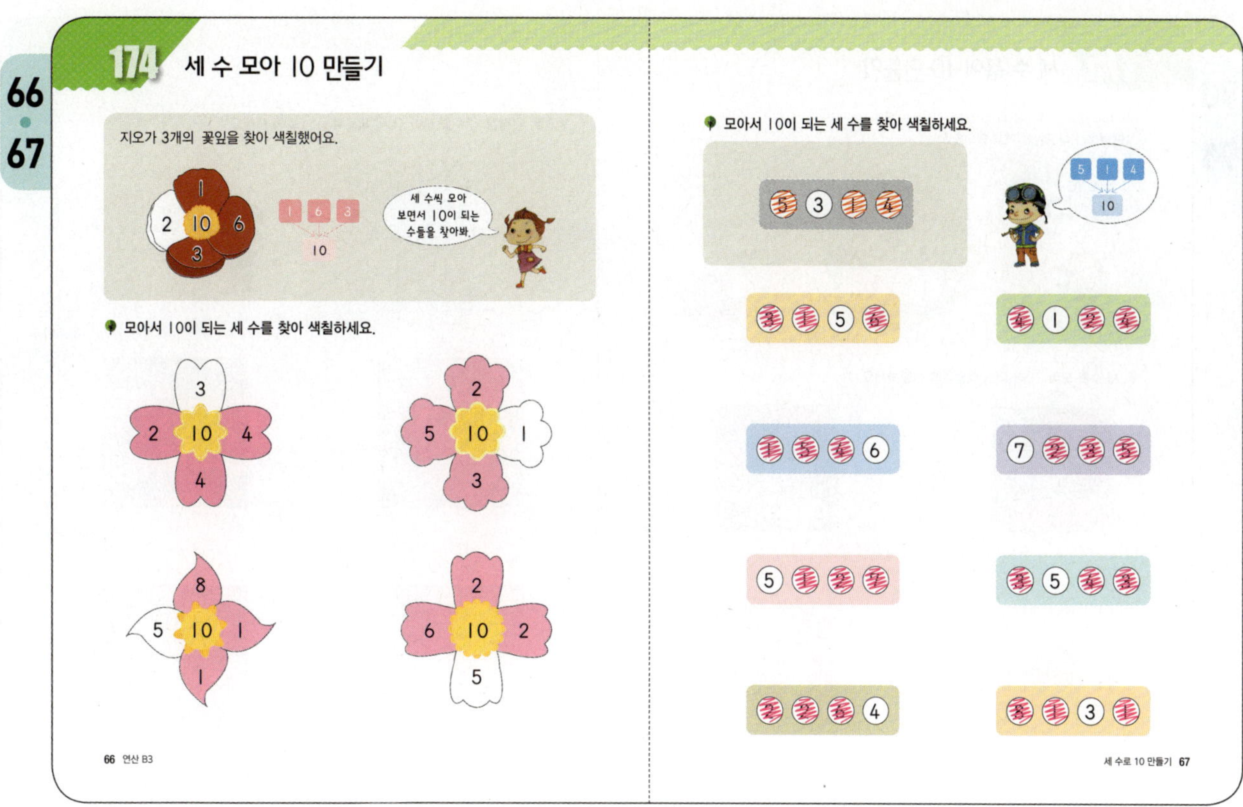

70 · 71

175 세 수 묶어 10 만들기

애벌레가 나뭇잎을 먹고 있어요.

🍀 세 수를 모아 10이 되는 애벌레에 색칠하세요.

🍀 연결된 세 수를 모아 10이 되도록 ◯로 묶으세요.

72 · 73

태경이와 지오는 모아서 10이 되는 세 수를 찾아 나뭇가지로 묶고 있어요.

🍀 연결된 세 수를 모아 10이 되도록 ◯로 묶으세요.

🍀 연결된 세 수를 모아 10이 되도록 ◯로 묶으세요.

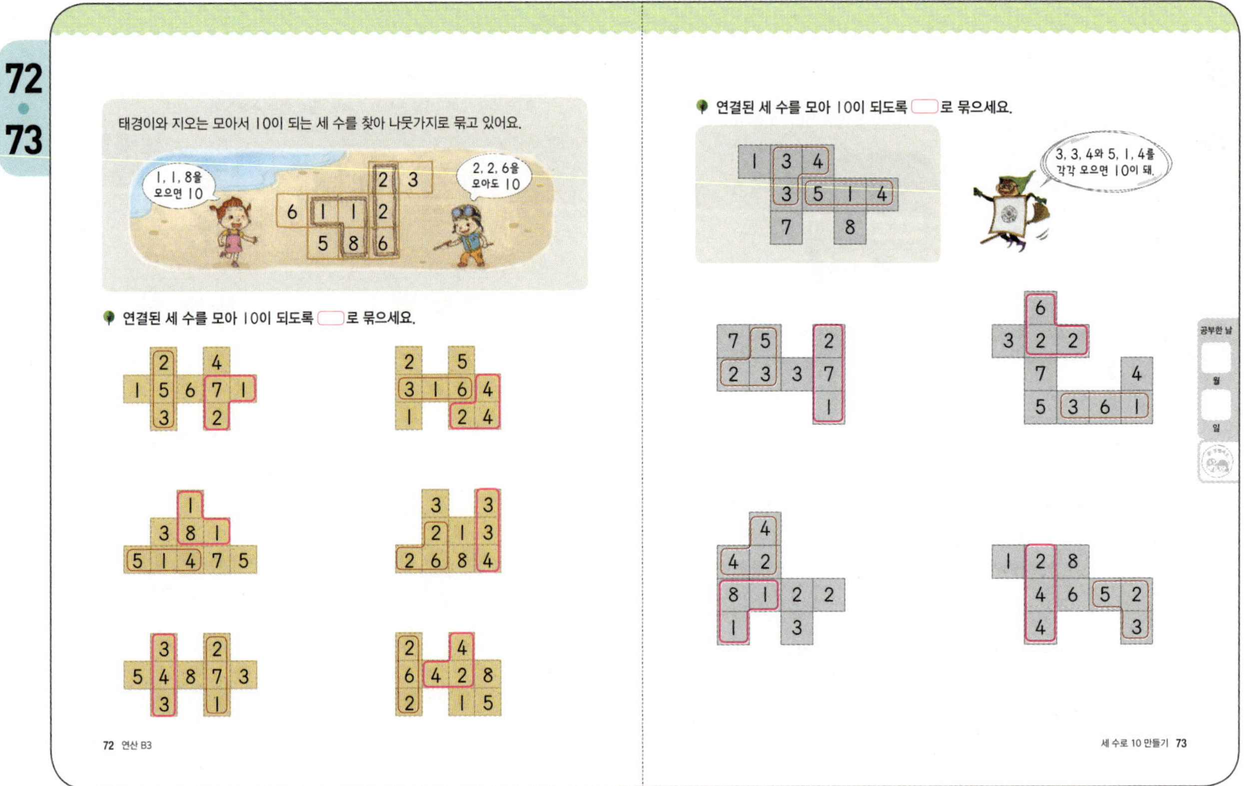

공부한 날
월
일

16 연산 B3

무엇을 배웠을까요

▲ 10을 세 수로 갈라요. 빈 곳에 알맞은 수를 쓰세요.

삼각형: 4, 10, 2, 4
삼각형: 3, 10, 1, 6

▲ 세 수를 모아 10을 만들어요. 빈 곳에 알맞은 수를 쓰세요.

삼각형: 4, 10, 1, 5
삼각형: 2, 10, 3, 5

▲ 막대를 세 조각으로 잘랐어요. ◯ 안에 알맞은 수를 쓰세요.

10 → 3, 6, 1
10 → 7, 1, 2

▲ 모아서 10이 되는 세 수를 찾아 색칠하세요.

꽃: 3, 2, 10, 4, 4
꽃: 2, 5, 10, 1, 3

▲ 그림을 보고 ◯ 안에 알맞은 수를 쓰세요.

10 → 3, 6, 1
10 → 3, 3, 4

▲ 연결된 세 수를 모아 10이 되도록 ◯로 묶으세요.

3	6	2
2	7	4
5	5	1

5	4	1
8	7	6
4	4	2

---

176 10이 되는 세 수 더하기

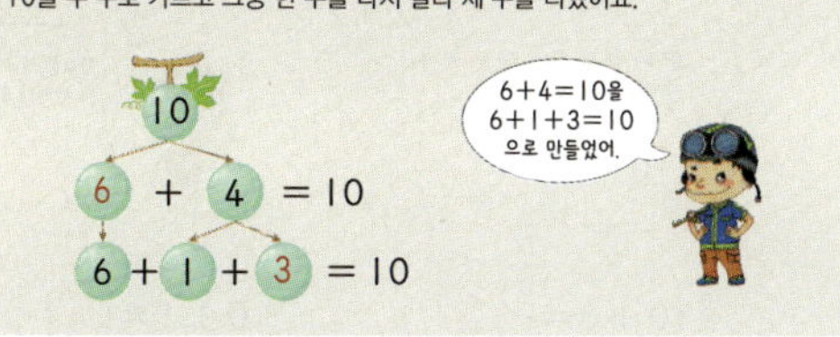

10을 두 수로 가르고 그중 한 수를 다시 갈라 세 수를 더했어요.

$$6 + 4 = 10$$
$$6 + 1 + 3 = 10$$

♣ ◯ 안에 알맞은 수를 쓰세요.

$$8 + 2 = 10$$
$$8 + 1 + 1 = 10$$

♣ 빈 곳에 알맞은 수를 쓰세요.

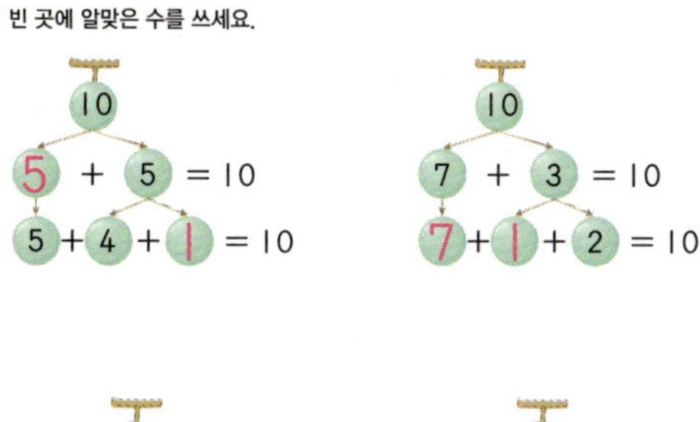

$$5 + 5 = 10$$
$$5 + 4 + 1 = 10$$

$$7 + 3 = 10$$
$$7 + 1 + 2 = 10$$

$$2 + 8 = 10$$
$$1 + 1 + 8 = 10$$

$$4 + 6 = 10$$
$$2 + 2 + 6 = 10$$

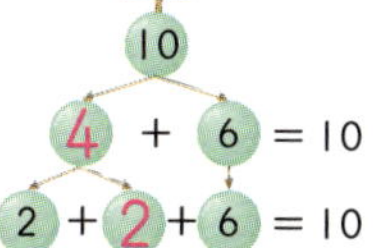

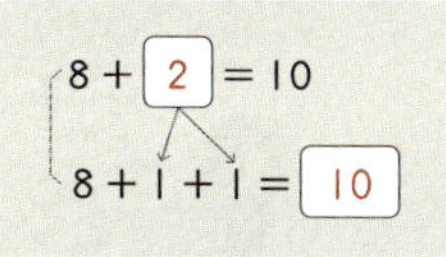

$$7 + 3 = 10$$
$$7 + 2 + 1 = 10$$

$$6 + 4 = 10$$
$$6 + 3 + 1 = 10$$

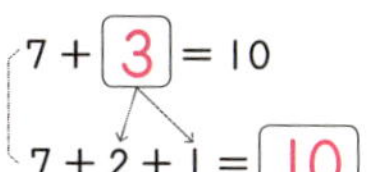
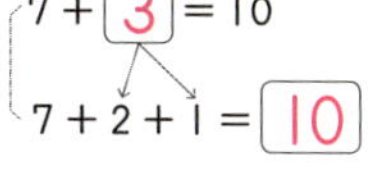

$$5 + 5 = 10$$
$$5 + 3 + 2 = 10$$

$$4 + 6 = 10$$
$$2 + 2 + 6 = 10$$

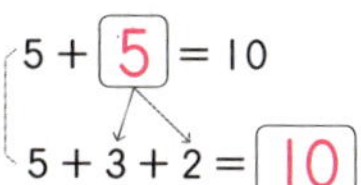

$$3 + 7 = 10$$
$$1 + 2 + 7 = 10$$

$$2 + 8 = 10$$
$$1 + 1 + 8 = 10$$

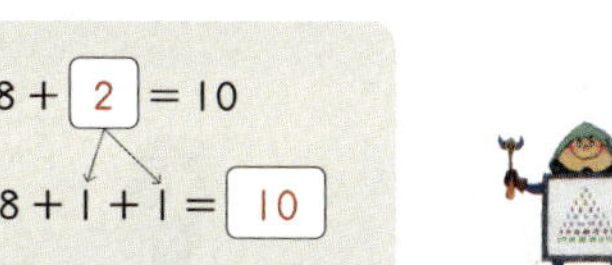

80 · 81

태경이와 지오가 세 수를 모아 10을 만들고 있어요.

$3 + 5 + 2 = 10$

8

10

● ☐ 안에 알맞은 수를 쓰세요.

$3 + 4 + 3 = 10$ 7   10

$8 + 1 + 1 = 10$ 9   10

$2 + 7 + 1 = 10$ 8   10

$4 + 1 + 5 = 10$ 6   10

● 세 수의 덧셈을 하세요.

$3 + 1 + 6 = 10$ 7   10

$1 + 7 + 2 = 10$ 9 $6 + 2 + 2 = 10$ 8

$3 + 3 + 4 = 10$ $5 + 1 + 4 = 10$

$2 + 4 + 4 = 10$ $1 + 8 + 1 = 10$

$5 + 2 + 3 = 10$ $1 + 3 + 6 = 10$

82 · 83

177 10에서 더하기

태경이가 달걀판에 들어 있는 달걀의 수를 세고 있어요.

10   11 12 13 14 15   16 17

$10 + 7 = 17$

● 달걀을 모두 세어 덧셈을 하세요.

$10 + 1 = 11$  $10 + 4 = 14$

$10 + 3 = 13$  $10 + 8 = 18$

$10 + 5 = 15$  $10 + 6 = 16$

● 덧셈을 하세요.

$10 + 4 = 14$

$10 + 3 = 13$ $10 + 1 = 11$

$10 + 6 = 16$ $10 + 7 = 17$

$10 + 2 = 12$ $10 + 8 = 18$

$10 + 9 = 19$ $10 + 5 = 15$

● 금액을 모두 세어 덧셈을 하세요.

$5 + 10 = 15$ $2 + 10 = 12$

$6 + 10 = 16$ $8 + 10 = 18$

$4 + 10 = 14$ $7 + 10 = 17$

● 덧셈을 하세요.

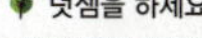
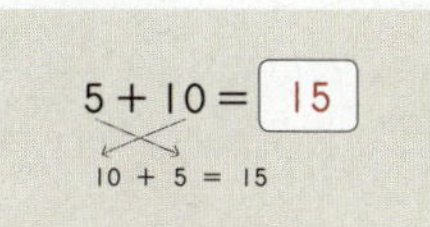

$4 + 10 = 14$ $8 + 10 = 18$
10   4   10   8

$1 + 10 = 11$ $9 + 10 = 19$

$3 + 10 = 13$ $2 + 10 = 12$

$7 + 10 = 17$ $6 + 10 = 16$

공부한 날
월
일

178 10을 이용한 더하기 (1)

● 쿠키를 모두 세어 세 수의 덧셈을 하세요.

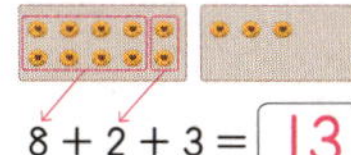

$8 + 2 + 3 = 13$ $6 + 5 + 5 = 16$

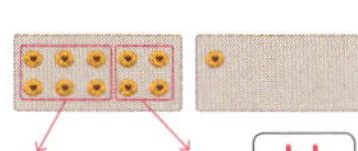

$6 + 1 + 4 = 11$ $4 + 7 + 3 = 14$

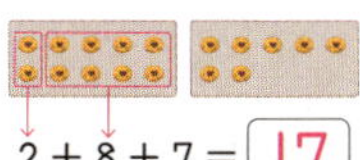

$2 + 8 + 7 = 17$ $2 + 9 + 1 = 12$

● 더해서 10이 되는 두 수에 ○표 했어요. 세 수의 덧셈을 하세요.

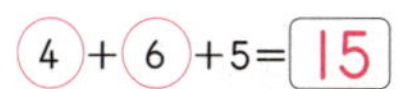

$5 + 5 + 2 = 12$ $3 + 1 + 9 = 13$

$8 + 4 + 2 = 14$ $7 + 7 + 3 = 17$

$9 + 1 + 1 = 11$ $5 + 9 + 5 = 19$

$8 + 3 + 7 = 18$ $4 + 6 + 5 = 15$

88 · 89

지오가 자를 이용해서 세 수의 덧셈을 하고 있어요.

$3 + 6 + 7 = \boxed{16}$
10

● ☐ 안에 알맞은 수를 쓰고 세 수의 덧셈을 하세요.

$5 + 5 + 2 = \boxed{12}$

$4 + 7 + 3 = \boxed{14}$

$6 + 7 + 4 = \boxed{17}$

● 더해서 10이 되는 두 수에 ◯표 했어요. 세 수의 덧셈을 하세요.

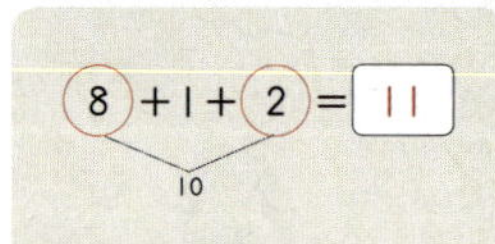

$①+⑨+4 = \boxed{14}$

$⑦+6+③ = \boxed{16}$ $9+⑧+②= \boxed{19}$

$④+⑥+1 = \boxed{11}$ $②+⑧+7= \boxed{17}$

$3+⑨+① = \boxed{13}$ $⑥+2+④= \boxed{12}$

$8+③+⑦ = \boxed{18}$ $⑤+⑤+6= \boxed{16}$

---

90 · 91

179 10을 이용한 더하기 (2)

태경이와 지오가 과녁판을 맞추고 있어요.

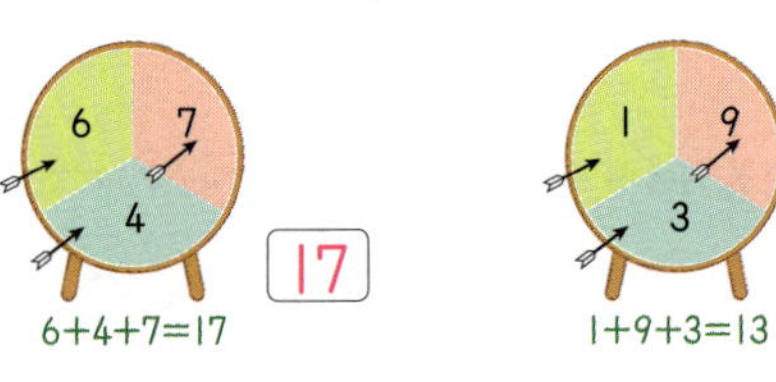

● 과녁판에 적힌 수를 모두 더하여 ☐ 안에 쓰세요.

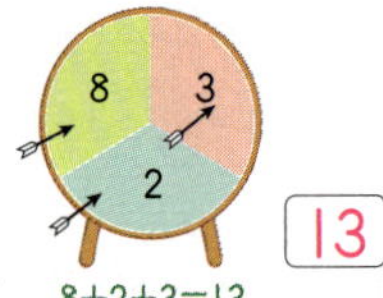

$\boxed{17}$
6+4+7=17

$\boxed{13}$
1+9+3=13

$\boxed{13}$
8+2+3=13

$\boxed{18}$
3+7+8=18

● 더해서 10이 되는 두 수를 찾아 ◯표 하고 세 수의 덧셈을 하세요.

$⑧+1+② = \boxed{11}$
10

$1+9+3 = \boxed{13}$ $6+8+4 = \boxed{18}$

$2+5+5 = \boxed{12}$ $2+8+7 = \boxed{17}$

$9+4+1 = \boxed{14}$ $5+2+8 = \boxed{15}$

$7+3+9 = \boxed{19}$ $5+5+7 = \boxed{17}$

지오가 결과가 같은 종이 테이프를 붙이고 있어요.

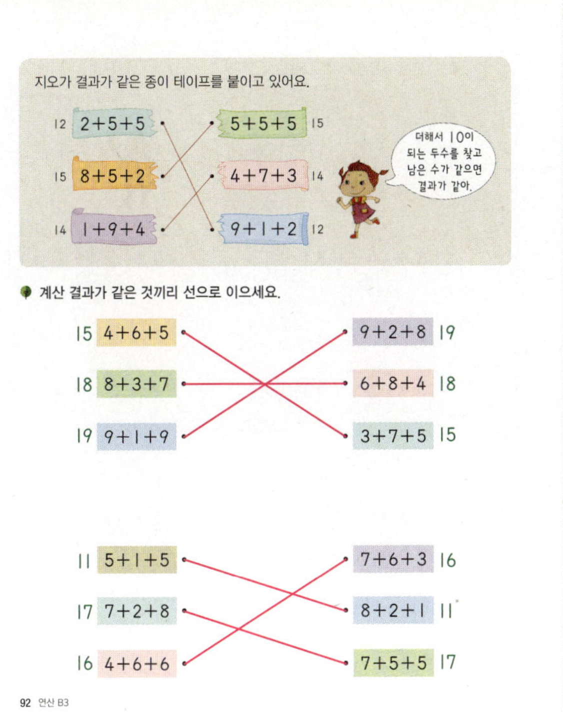

12 2+5+5 — 5+5+5 15
15 8+5+2 — 4+7+3 14
14 1+9+4 — 9+1+2 12

● 계산 결과가 같은 것끼리 선으로 이으세요.

15 4+6+5   9+2+8 19
18 8+3+7   6+8+4 18
19 9+1+9   3+7+5 15

11 5+1+5   7+6+3 16
17 7+2+8   8+2+1 11
16 4+6+6   7+5+5 17

● 더해서 10이 되는 두 수를 찾아 ○표 하고 세 수의 덧셈을 하세요.

⑤+⑤+8= 18

⑥+④+ 5 = 15   2 +①+⑨= 12

7 +⑧+② = 11   ③+ 1 +⑦= 11

⑨+ 3 +① = 13   7 +④+⑥= 17

9 +⑦+③= 19   ②+ 6 +⑧= 16

---

180 ☐가 있는 더하기

빨랫줄에 양말이 걸려 있어요.

3 + 7 + 6 = 16
3 + 6 + 7 = 16

● 빨랫줄에 걸린 양말을 보고 ☐ 안에 알맞은 수를 쓰세요.

2 + 8 + 4 = 14
2 + 4 + 8 = 14

6 + 4 + 8 = 18
6 + 8 + 4 = 18

● ☐ 안에 알맞은 수를 쓰세요.

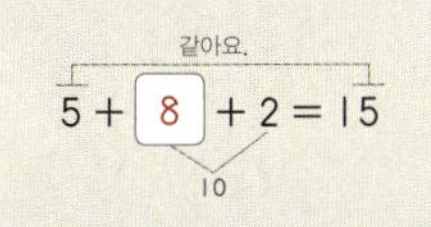

같아요.
5 + 8 + 2 = 15
10

7 + 3 + 2 = 12   5 + 5 + 4 = 14
10   10

7 + 6 + 4 = 17   5 + 1 + 9 = 15
10   10

1 + 8 + 2 = 11   3 + 6 + 4 = 13

3 + 6 + 7 = 16   5 + 8 + 5 = 18

정답 21

96·97

태경이가 막대 조각을 이용해서 덧셈을 하고 있어요.

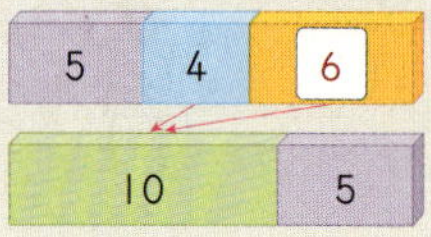

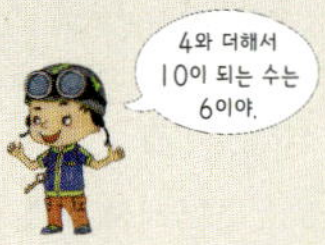

5 + 4 + [6] = 15

□ 안에 알맞은 수를 쓰세요.

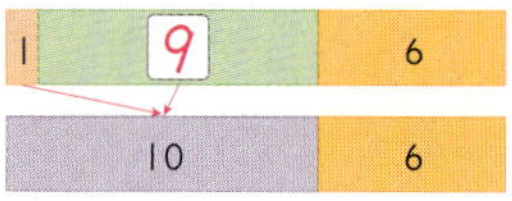

1 + [9] + 6 = 16

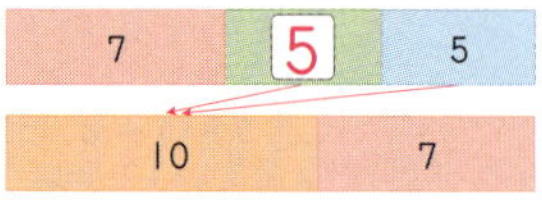

7 + [5] + 5 = 17

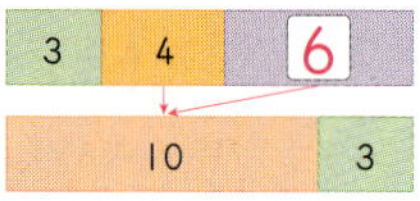

3 + 4 + [6] = 13

□ 안에 알맞은 수를 쓰세요.

같아요.
3 + 9 + [7] = 19
10

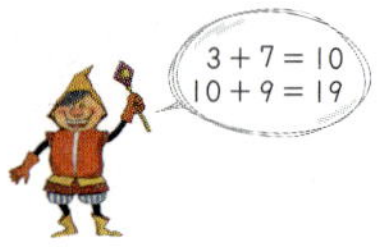

6 + [4] + 8 = 18 (10)

8 + [2] + 1 = 11 (10)

3 + [5] + 5 = 13

4 + [5] + 5 = 14

7 + 1 + [9] = 17

5 + 4 + [6] = 15

7 + 2 + [3] = 12

9 + 6 + [1] = 16

공부한 날 월 일

98·99

무엇을 배웠을까요

□ 안에 알맞은 수를 쓰세요.

3 + 5 + 2 = 10 → [8] → [10]

4 + 3 + 3 = 10 → [7] → [10]

덧셈을 하세요.

2 + 4 + 4 = [10]

5 + 1 + 4 = [10]

6 + 10 = [16]

9 + 10 = [19]

금액을 모두 세어 덧셈을 하세요.

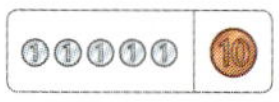

5 + 10 = [15]

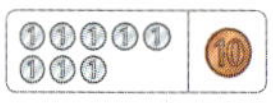

8 + 10 = [18]

문제 생성기

더해서 10이 되는 두 수를 찾아 ○표 하고 세 수의 덧셈을 하세요.

2 + ⑤ + ⑤ = [12]

② + ⑧ + 4 = [14]

⑨ + 7 + ① = [17]

5 + ④ + ⑥ = [15]

□ 안에 알맞은 수를 쓰세요.

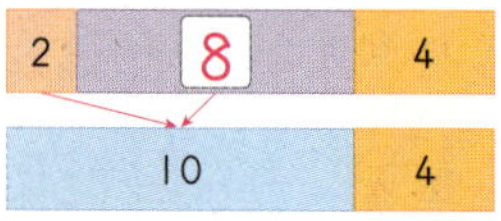

2 + 4 + [8] = 14

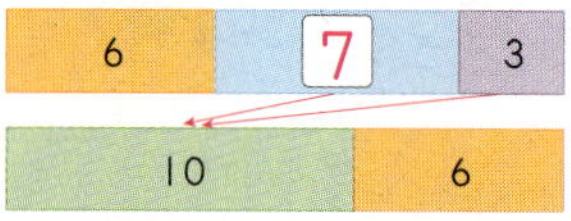

6 + [7] + 3 = 16

□ 안에 알맞은 수를 쓰세요.

3 + 7 + [7] = 17

5 + 4 + [6] = 15

공부한 날 월 일

10 가르기와 모으기

관련 쪽수: 6~27쪽

✛ 빈 곳을 색칠해 10칸을 채우고 ⬚ 안에 색칠한 수를 쓰세요.

✛ 양쪽 수에 알맞게 두 묶음으로 묶으세요.

✛ ○ 안에 동그라미의 수를 각각 쓰고 ⬚ 안에 동그라미를 모은 수를 쓰세요.

✛ ⬚ 안에 알맞은 수를 쓰세요.

✛ ⬚ 안에 알맞은 수를 쓰세요.

✛ ⬚ 안에 알맞은 수를 쓰세요.

10이 되는 더하기

관련 쪽수: 30~51쪽

✛ 그림을 보고 ⬚ 안에 알맞은 수를 쓰세요.

 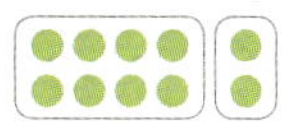

$8 + 2 = 10$

$3 + 7 = 10$

✛ 그림을 보고 ⬚ 안에 알맞은 수를 쓰세요.

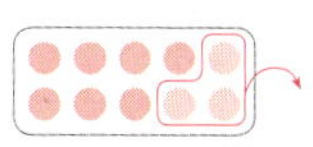

$10 - 3 = 7$

$10 - 5 = 5$

✛ ⬚ 안에 알맞은 수를 쓰세요.

$6 + 4 = 10$　　$4 + 6 = 10$

$7 + 3 = 10$　　$3 + 7 = 10$

$5 + 5 = 10$　　$1 + 9 = 10$

$2 + 8 = 10$　　$1 + 9 = 10$

$8 + 2 = 10$　　$3 + 7 = 10$

✛ ⬚ 안에 알맞은 수를 쓰세요.

$10 - 4 = 6$　　$10 - 7 = 3$

$10 - 9 = 1$　　$10 - 2 = 8$

$10 - 5 = 5$　　$10 - 8 = 2$

$10 - 9 = 1$　　$10 - 4 = 6$

$10 - 7 = 3$　　$10 - 8 = 2$

106·107

세 수로 10 만들기
관련 쪽수: 54~75쪽

✛ ☐ 안에 알맞은 수를 쓰세요.

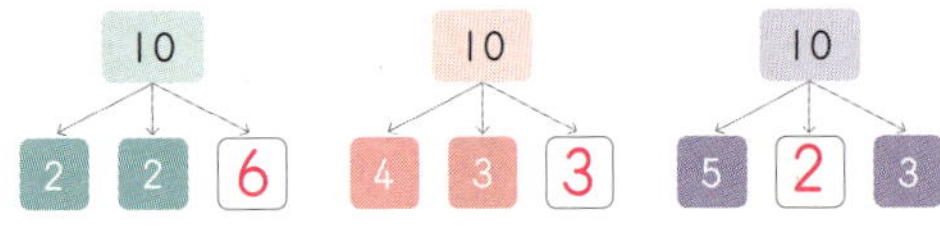

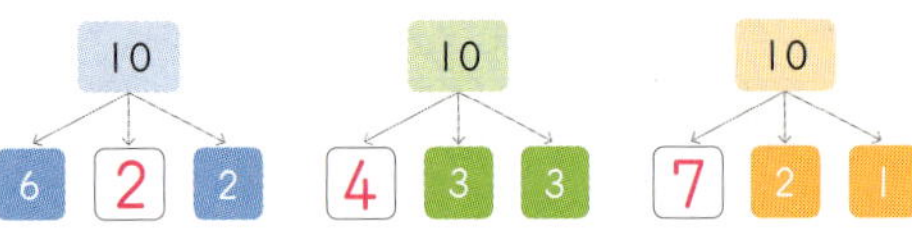

✛ 주어진 수만큼 ● 가 세 부분으로 나누어지도록 점선을 따라 나머지 선을 그으세요.

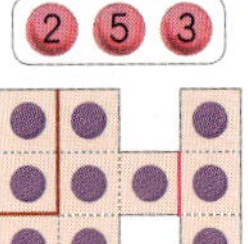

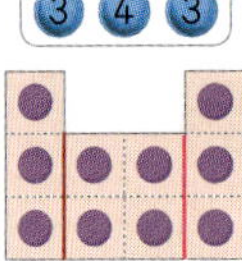

✛ ☐ 안에 알맞은 수를 쓰세요.

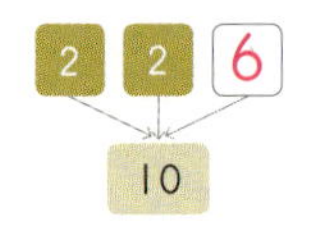 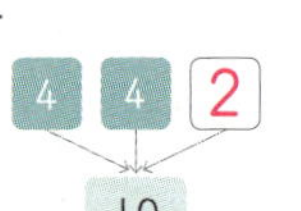 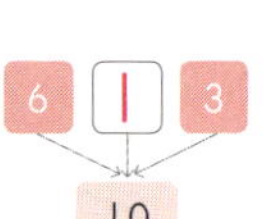

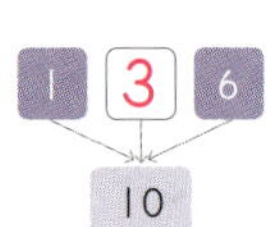 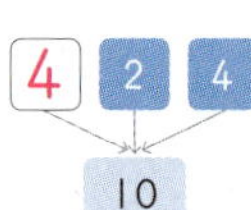 

✛ 세 수를 모아 10을 만들려고 해요. 필요 없는 수에 ✕표 하세요.

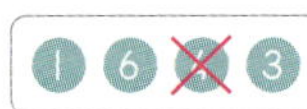 

106 연산 B3

연산 보충 학습 107

108

10을 이용한 더하기
관련 쪽수: 78~99쪽

✛ 덧셈을 하세요.

$1 + 2 + 7 = 10$ $2 + 6 + 2 = 10$

$3 + 4 + 3 = 10$ $5 + 1 + 4 = 10$

$10 + 6 = 16$ $10 + 7 = 17$

$9 + 10 = 19$ $2 + 10 = 12$

✛ ☐ 안에 알맞은 수를 쓰세요.

$6 + 4 + 7 = 17$ $8 + 2 + 1 = 11$

$3 + 5 + 5 = 13$ $2 + 3 + 7 = 12$

$5 + 1 + 9 = 15$ $5 + 4 + 6 = 15$

108 연산 B3